これ1冊で
できる
わかる

ISO 27001

やるべきこと、気をつけること

監修・著
株式会社スリーエーコンサルティング
統括本部長
安藤将記

はじめに

この本では、既にＩＳＯ２７００１を取得しているが、どのように２０２２年規格へ移行したらよいか迷われている組織や今後新たに認証取得を検討している組織の担当者へ向けて、ＩＳＯ２７００１のマニュアル、規程作成のコツ、実際に運用していくうえでのポイントや注意すべき点をわかりやすく解説させていただきました。

新たに追加、変更された管理策の解説はもちろん、引き続き採用される項目についても解説を加えています。できるだけ難しい用語を使わずに、日常的な表現を使用しています。

ＩＳＯ２７００１の情報セキュリティマネジメントシステム（ＩＳＭＳ）は、情報資産を保護するため、情報セキュリティリスクを評価し、リスクを管理するべく適切な管理策を選択するようフレームワークを提供しています。

また、組織が情報セキュリティリスクを理解し、それに対処するための適切な管理策を選択することにより、情報セキュリティの脅威から組織を守ることができ、顧客やビジネスパートナーからの信頼を獲得することができます。

この本では、基本的な概念から始め、その設計と実装、そして維持に至るまでのプロセスを詳しく説明します。また、ＩＳＯ２７００１（ＩＳＭＳ）の導入によるビジネスへのメリットや、運用を成功させるためのベストプラクティスについても詳しく解説します。

情報セキュリティは、現代のビジネスにおいて重要な要素であり、組織活動の成功に直結しています。この本を通じて、読者がＩＳＯ２７００１（ＩＳＭＳ）の理解を深め、自身の組織における情報セキュリティの強化に役立てることを願っています。

今までの運用で形骸化しているルール（ムリ・ムダ）がないか？　過去の審査要求で作ってきたルールや文書は本当に今回必要なのか？　今の自社のルールや文書を見直すことからスタートしていただければと思います。

本書制作にあたり、弊社の「ＩＳＯ新規認証・運用サポート」にお手伝いの機会を与えてくださったお客様、制作作業に関わっていただいた皆様、この場をお借りして深く感謝の意を表します。

２０２３年12月

株式会社スリーエーコンサルティング

統括本部長　安藤将記

もくじ

はじめに……2

第1章　ISO／IEC 27001を知る

1 ISO27001とは……12
2 ISO27001の認証組織数は……14
3 ISO27001の変遷……16
4 ISO27001とプライバシーマーク……20
5 審査制度とISO27001認証……24
6 認証・更新までの流れ……26

第2章　ISO／IEC 27001：2022でおさえるべきポイント

1 本文の変更の解説……30
2 附属書Aにおける管理策の変更の解説……32
3 規程・帳票の対応……38
4 組織の優先事項を決め、構築、運用する……40
5 2022年版へ移行する前にスリム化……42

第3章　ISO／IEC 27001：2022の要求事項と附属書Aの解説

1 ISO／IEC 27001：2022の要求事項と附属書Aの解説……46
2 4.1 組織及びその状況の理解……48

3 4.2 利害関係者のニーズ及び期待の理解……50
4 4.3 情報セキュリティマネジメントシステムの適用範囲の決定……52
5 4.4 情報セキュリティマネジメントシステム……54
6 5.1 リーダーシップ及びコミットメント……56
7 5.2 方針……58
8 5.3 組織の役割、責任及び権限……60
9 6.1 リスク及び機会に対処する活動
6.1.1 一般……62
10 6.1.2 情報セキュリティリスクアセスメント
6.1.3 情報セキュリティリスク対応……64
11 6.2 情報セキュリティ目的及びそれを達成するための計画策定……68
12 6.3 変更の計画策定……70
13 7.1 資源……72
14 7.2 力量
7.3 認識……74
15 7.4 コミュニケーション……76

16 7.5 文書化した情報
7.5.1 一般……78
17 7.5.2 作成及び更新
7.5.3 文書化した情報の管理……80
18 8.1 運用の計画策定及び管理……82
19 8.2 情報セキュリティリスクアセスメント……84
20 8.3 情報セキュリティリスク対応……86
21 9.1 監視、測定、分析及び評価……88
22 9.2 内部監査
9.2.1 一般
9.2.2 内部監査プログラム……90
23 9.3 マネジメントレビュー
9.3.1 一般
9.3.2 マネジメントレビューへのインプット
9.3.3 マネジメントレビューの結果……94
24 10 改善
10.1 継続的改善……96
25 10.2 不適合及び是正処置……98
26 管理策とは……100
27 5 組織的管理策……102

28 6 人的管理策……112
29 7 物理的管理策……114
30 8 技術的管理策……118

第4章 手間とコストをかけずに認証・運用する6つのポイント

1 認証取得までに行う手続きのポイント……128
2 情報資産の洗い出し方法及びポイント……130
3 リスク評価・リスク対応計画の概要及びポイント……134
4 文書作成方法及びポイント……136
5 内部監査のポイント……140
6 ISO27001のコンサルタント選定ポイント……142

第5章　効率的な2022年版への移行の進め方

1 移行のスケジュール……146
2 認証機関の動き……148
3 移行のステップ……150

第6章　認証取得・運用事例

1 ウィードファウスト株式会社……154
2 株式会社エコーステーション……156
3 株式会社クローバー・サン……158
4 x－ID（クロスアイディ）株式会社……160
5 株式会社サクラアルカス……164

第1章

ISO/IEC 27001 を知る

1 ＩＳＯ27001とは

ＩＳＯ27001とは、ＩＳＭＳ（情報セキュリティマネジメントシステム）をどのように構築し、運用するかを国際標準化機構が定めたＩＳＯ規格です。

ＩＳＯ27001を認証取得することで、組織内の情報を外部に漏れない仕組みを構築していることをアピールすることができます。

「ＩＳＯ／ＩＥＣ27001」という表記をする場合もありますが、ＩＳＯ／ＩＥＣ27001は、ＩＳＯ27001の正式名称と捉えてください。

ＩＳＭＳ（情報セキュリティマネジメントシステム）とは、Information Security Management Systemを呼びやすくした略称となり、組織の情報を守るためのシステム・仕組みを指します。

情報セキュリティとは、組織内にどのような情報資産があるか把握し、リスク特定、リスク分析、リスク評価を実施して情報の「機密性」「完全性」「可用性」を維持することです。

・**機密性：Confidentiality**

外部に漏らさない状態

組織で限られた人が情報にアクセスできるよう制限がかけられている状態

・**完全性：Integrity**

正確かつ最新の状態

改ざんなどから保護されていて、情報が最新な状態

情報セキュリティの3要素

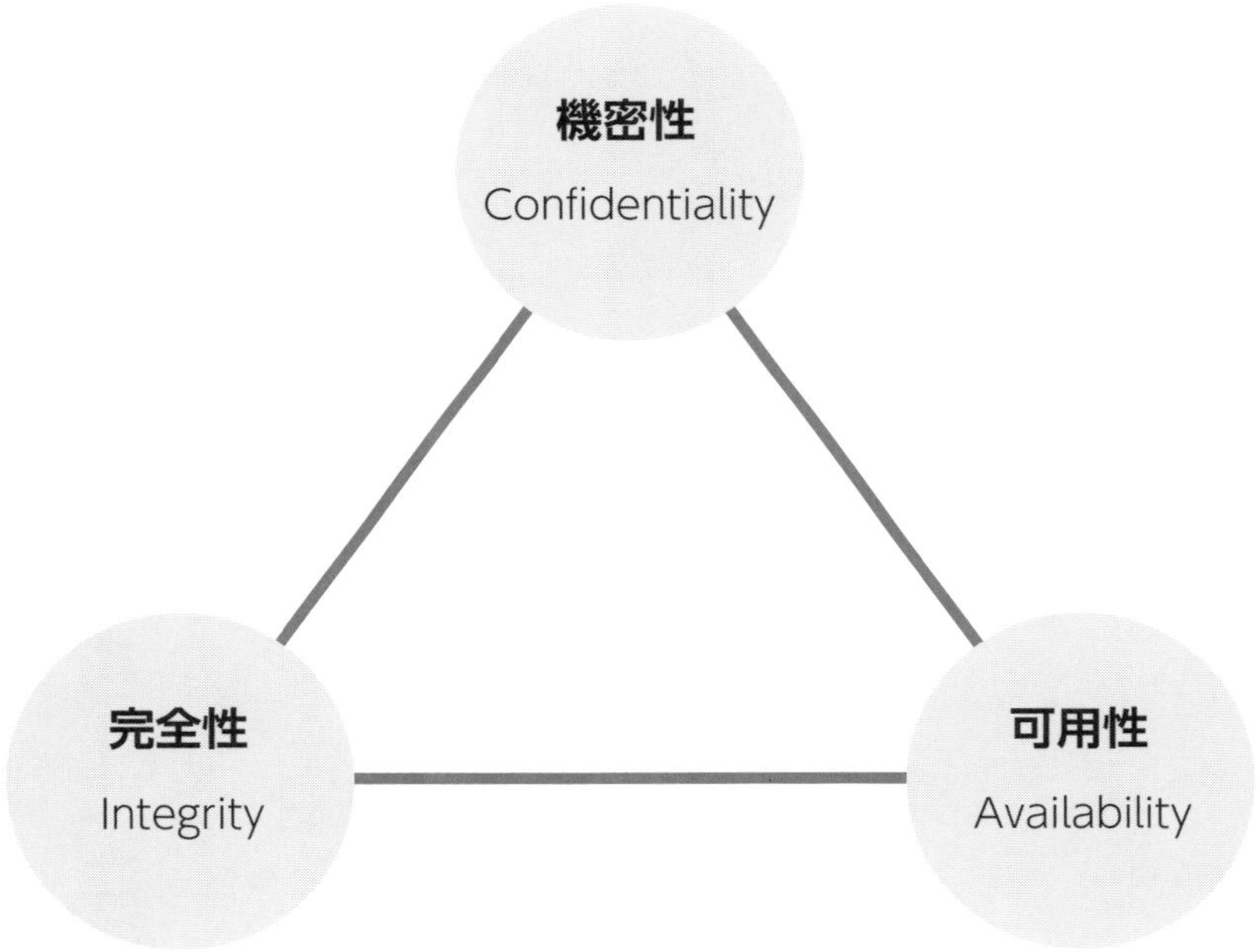

機密性
Confidentiality

完全性
Integrity

可用性
Availability

- **可用性：Availability**

利用可能な状態

必要な時に必要な人が見られる、触れるような状態

情報セキュリティを構成する3つの要素、機密性(Confidentiality)、完全性(Integrity)、可用性(Availability)の頭文字を取りＣＩＡと呼ぶこともあります。

2

ISO27001の認証組織数は

ＩＳＯ２７００１は現在、どの程度認証されているのでしょうか？

認証取得数は、公益財団法人日本適合性認定協会（ＪＡＢ）というＩＳＯ規格の認定を行っている協会で定期的に認証件数の調査をしており、発表されています。

図のように２０２３年５月時点で７３６２社が取得しています。

ＩＳＯ２７００１（ＩＳＭＳ）を認証取得した組織は、認証取得後に各認証機関のロゴマークの使用が許可されます。

各認証機関ごとにロゴマークの使用ルールがあり、名刺への掲載やホームページへの掲載、会社案内やパンフレットへの掲載について細かなルールがあるので、認証機関の案内を確認しましょう。

ISO27001（ISMS）認証登録数

2002年 約140社	→	2010年 約3,500社	→
2019年 約6,000社	→	2023年 7,362社	

3

ISO27001の変遷

ISO27001（ISMS）は、情報セキュリティリスクを組織が適切に管理するための国際的な基準で、これは国際標準化機構（ISO）と国際電気技術委員会（IEC）が共同で発行したものです。時代と共に変化する状況に対応するために、継続的に改善と更新が行われてきました。

では、ISO27001の変遷について詳しく解説していきましょう。

ISO/IEC 17799：2000

2000年、BS7799が国際規格ISO／IEC 17799になりました。これにより、情報セキュリティの国際規格が誕生しました。しかし、この規格は管理要件のリストにとどまり、情報セキュリティリスクを網羅的に管理する枠組みを提供していなかったため、その後の移行で改善が行われることになります。

ISO/IEC 27001：2005

2005年、情報セキュリティマネジメントシステムに対する国際規格ISO27001が制定されました。ISO／IEC 27001：2005は、PDCAサイクル（Plan-Do-Check-Act）に基づいた情報セキュリティリスクの管理機能などが追加された点が特徴です。この規格の制定により、組織は情報セキュリティを総合的かつ継続的に管理することが求められるようになりました。

ISO/IEC 27001の変遷

1995年 BS7799 → 2000年 ISO/IEC 17799:2000 → 2005年 ISO/IEC 27001:2005 → 2013年 ISO/IEC 27001:2013 → 2022年 ISO/IEC 27001:2022

取得するメリット

①取引先・顧客から信頼を得られる
②売り上げ拡大のチャンスになる
③コンプライアンス意識が向上する

取得組織が実施している3つのこと！

①社内外における情報セキュリティ対策の実施
②従業員への情報セキュリティ教育の実施
③トップマネジメントによるマネジメントシステムの推進

ISO/IEC 27001：2022

これらの変遷を通じて、ISO27001は、情報セキュリティに関する国際規格として成長し続けており、組織に情報セキュリティリスクを継続的に管理する仕組みを提供しています。

ISO27001を認証取得することで、これらの仕組みを確実に実行していることが第三者によって評価され、組織はお客様や取引先に対して信頼度を高めることができます。

情報セキュリティリスクは、技術革新や新たなサービスが登場し続ける現代社会では、常に変化しています。そのため、ISO27001は今後も継続的に移行され、組織が取り組むべき情報セキュリティマネジメントシステムのあり方を提案し続けることが期待されます。

最後に、ＩＳＯ２７００１の認証取得は組織にとっての価値ある取り組みであることを確認しましょう。

情報セキュリティリスクの管理により、セキュリティリスクの移転、低減、回避が図られます。また、信頼性の向上や法規制への適合、ビジネスパートナーとの取引条件の改善など、様々なビジネス上のメリットが生まれます。

4 ＩＳＯ２７００１とプライバシーマーク

ＩＳＯ２７００１とプライバシーマークは、どちらも組織が情報を適切に管理し、保護していることを証明する認証制度です。よく比較される両者の違いを一覧表にまとめました。

・保護する対象

ＩＳＯ２７００１（ＩＳＭＳ）では情報資産全般が対象。

プライバシーマーク（Ｐマーク）では組織内の全ての個人情報が対象。

・規格の違い

ＩＳＯ２７００１（ＩＳＭＳ）は国際標準規格になり、国際的な認証。

プライバシーマーク（Ｐマーク）は日本産業規格のため日本国内で有効な認証。

・認証範囲

ＩＳＯ２７００１（ＩＳＭＳ）は組織全体、部門、拠点、○○工場等の認証範囲を設定し認証取得が可能。

プライバシーマーク（Ｐマーク）は組織ごとの取得のみ。

・審査の違い

①要求

ＩＳＯ２７００１（ＩＳＭＳ）は、情報資産全般が審査の対象です。

情報資産を保護するための「仕組み」や「体制」づくりを要求しており、決まった手順などはなく、93項目の審査ポイントを基に自社の体制に合わせたルールや文書を作成することができます。

プライバシーマーク（Ｐマー

規格	プライバシーマーク（Pマーク）	ISO27001（ISMS）
対象	**個人情報**	**全ての情報資産**
国内または国際	日本国内でのみ有効	海外でも有効
認証の範囲	1社全体（全部署・全従業員）	事業・事業所・部門単位での取得も可能
認証までの期間	6～9か月	4～6か月
業界・市場	人材派遣業・広告業・印刷業・社会保険労務士・通販業などB to C取引での一般ユーザーを対象にしている	IT業界・ソフトウェア業・メーカーなどB to B取引や大手企業との取引に使われる
難易度	ISO27001（ISMS）と比較すると難しい	プライバシーマーク（Pマーク）と比較するとやさしい
審査	①個人情報に焦点を当てて管理レベルが問われる ②「狭く・深く」見られる ③ルールの「妥当性」が見られる審査 ④審査基準が細かく、ルール作りに操作性がなく、ルールが効果的であるかまで見られる ⑤審査日数が短い（1日）	①情報資産全般が対象、リスクに応じて対策を決める ②「浅く・広く」見られる ③ルールの「適合性」を見られる審査 ④ルール作りに自社の解釈を入れることができ、自由度が高い ⑤審査日数が長い（2～3日かかるケースもある）
審査期間の対応スピード	遅い 申請から審査まで3か月かかるケースも	早い

ク）は組織内の全ての個人情報の取り扱いが審査の対象です。

組織が保有する個人情報を保護することを要求しているので、手順や作成する文書が定められています。枠組みから外れた場合は認証取得ができません。

②更新のタイミング

ISO27001（ISMS）の有効期限は3年間となり、認証を継続するために1年に1回審査を受ける必要があります。

プライバシーマーク（Pマーク）の有効期限は2年間。認証を継続するために2年に1回更新審査を受ける必要があります。

③費用

ＩＳＯ２７００１（ＩＳＭＳ）は対象の人数や拠点数により価格が変わります。
※認証機関によっても違いがある

プライバシーマーク（Ｐマーク）は小規模、中規模、大規模で変わり、新規取得時、更新時でも金額の違いが発生しています。

・取得されている業界・市場の違い

ＩＳＯ２７００１（ＩＳＭＳ）は、日本国内で７３６２社です（２０２３年5月時点）。

情報セキュリティ対策が安全である証明として取得している組織が多く、ＢｔｏＢのサービス企業やＩＴシステム業が取得しています。

プライバシーマーク（Ｐマーク）は、１万７６８１社（２０２３年12月時点）。

個人情報を取り扱うＢｔｏＣのサービス企業の取得が多く、人材派遣業、印刷業、士業、ＩＴシステム業と取得組織が続きます。

取引先からの取得要求で、取得を目指す組織が多いです。

また、官公庁の入札案件参加条件として、プライバシーマークが必要な場合もあります。

ＩＳＯ２７００１（ＩＳＭＳ）とプライバシーマーク（Ｐマーク）のどちらを取得したほうがよいのかについては、取引先からの要求や入札の条件として、どちらが求められているかで変わります。

5 審査制度とISO27001認証

ISO27001（ISMS）認証登録をするうえで忘れてはならないのが、認証機関の存在です。以前よりも数が増え、運営や考え方も当初から大きく変化してきました。

例えば、同じ新規認証取得の場合、認証人数が多くなると、認証機関によって費用に100万円以上の差がつくことがあります。

維持費用の高さから認証取得を辞退する組織が続出したため、認証機関の考え方も変わってきており、組織の負担を減らす方向性を模索しています。

ある認証機関は、審査員への発注金額（報酬）を抑え、案件を多く提示できるようにし、認証取得希望組織への審査費用を抑えています。

今や、長年同じ認証機関を使い続ける時代ではありません。

費用の違いを知らずに高い認証機関を10年間使い続けていたら、それこそ大きなムダだといえるでしょう。

現在は、認証機関のブランドなど一切関係ない時代です。

費用対効果が高く、柔軟に対応してもらえる認証機関に変えるのがスタンダードになっています。

6 認証・更新までの流れ

■構築から申し込み、認証・更新までの流れは次のステップとなります

①構築

申し込みまでにＩＳＭＳを構築し運用しなければなりません。

文章の作成からＰＤＣＡサイクルを回しましょう。

②申し込み

新規認証取得する場合や、これまでと異なる認証機関で受審する場合は申し込みが必要です。

申し込み方法や準備する物は認証機関によって異なるため、詳細は各認証機関のホームページを確認しましょう。

③受理

認証機関側で申し込み書類を確認し、審査費用や審査工数（審査員の人数や審査日数）を算出します。

提示された審査費用と工数で問題がなければ、審査や認証登録のための業務契約・秘密保持契約を締結します。

④審査日程の確認

組織と認証機関との間で、審査日程の確認を行います。

メールでのやりとりがほとんどです。

⑤審査

新規認証の場合は、１次審査（第一段階審査）にて規格要求事項に沿ったルールが作られているか等の確認がメインとなり、２次審査（第二段階審査）では実際の運用状況の確認が行われます。

各審査は、数日かけて行う場合

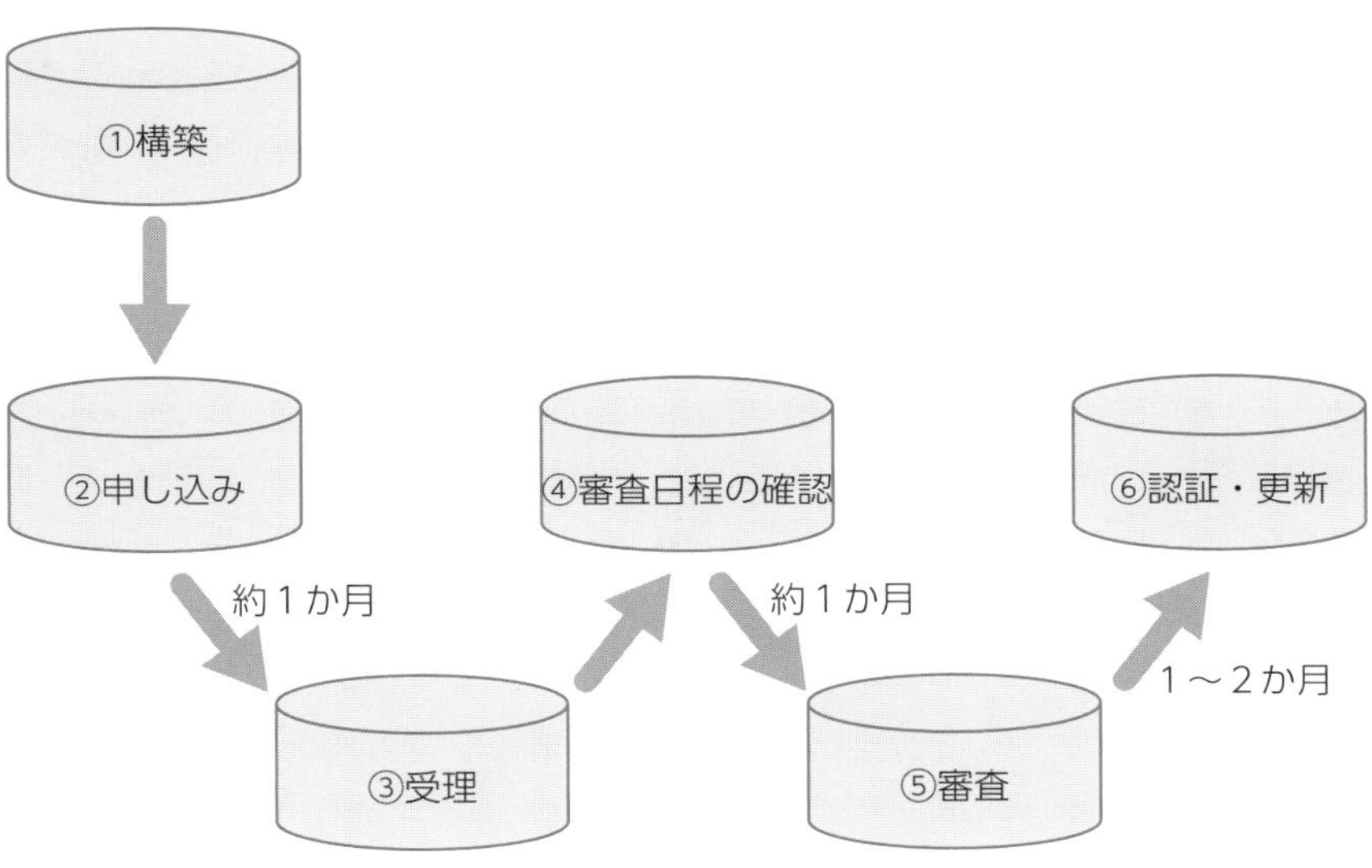

もあるものの、審査工数に合わせて1回で行われます。

⑥認証・更新

認証機関側で認証判定会議が行われ、認証登録の最終チェックをします。

その後、認証書が発行され無事に認証取得（または更新）が完了となります。

■審査の種類

ＩＳＯ２７００１（ＩＳＭＳ）の審査には新規認証取得時の審査、更新審査と維持審査の3種類があります。

認証取得後も毎年審査が行われます。有効期限（3年間）を更新するための更新審査、それまでに受けるのが維持審査です。

・新規認証取得時の審査

１次審査（第一段階審査）、２次審査（第二段階審査）があり、１次審査では規格要求事項に沿ったルールが作られているか等の確認がメインとなります。

２次審査では実際の運用状況の確認が行われ、それぞれの審査で必ず不適合や推奨事項が出るものだと思っておきましょう。

■審査内容

ＩＳＭＳの関連文書や実際の現場の様子も細かくチェックされるため、不適合や推奨事項は新規認証取得時と同じで必ず出るものだと思っておくとよいでしょう。

また、更新審査では、維持審査と比べると審査員数や審査日数も多くなります。

維持審査と違って、審査される範囲も広がり多くの不適合が発生することがあります。

今まで言われたことのない指摘が出る可能性があるので、注意が必要です。

	新規認証取得時の審査	維持審査	更新審査
名称	初回審査	定期審査	再認証審査
審査の内容	ISO27001（ISMS）を認証取得させて問題ない組織かどうかを確認する。	前回審査をしてからの運用状況を確認する。	前回更新時から3年分の運用状況を確認する。
審査の目的	1次審査：文書フォーマットの確認。 2次審査：実際の運用状況を確認する。	問題なく運用が続けられているかどうかを確認すること。	ISO27001（ISMS）認証の更新に問題はないかを確認すること。
審査の工数	1次審査と2次審査は必ず分けて実施され、約1か月の間がある。	更新審査よりも審査員または審査日数が少ないことが多い。	維持審査よりも審査員または審査日数が増えることが多い。

第2章

ISO/IEC27001:2022 でおさえるべきポイント

1 本文の変更の解説

■ISO27001:2022本文の変更

ＩＳＯ27001の規格本文には大きな変更はありません。

ＩＳＯ9001（品質）やＩＳＯ14001（環境）と同時に運用する組織も増えてきたため、運用が複雑にならないよう考慮されています。

言葉の表現の変更や、文言の追記はありますが、運用には大きな影響はありません。

「6.3　変更の計画策定」は新たに追加された新設項目です。

詳しい内容は第3章にて解説します。

ISO27001：2013		→	ISO27001：2022	
4. 組織の状況			4. 組織の状況	
4.1	組織及びその状況の理解		4.1	組織及びその状況の理解
4.2	利害関係者のニーズ及び期待の理解	追記	4.2	利害関係者のニーズ及び期待の理解
4.3	情報セキュリティマネジメントシステムの適用範囲の決定		4.3	情報セキュリティマネジメントシステムの適用範囲の決定
4.4	情報セキュリティマネジメントシステム		4.4	情報セキュリティマネジメントシステム
5. リーダーシップ			5. リーダーシップ	
5.1	リーダーシップ及びコミットメント		5.1	リーダーシップ及びコミットメント
5.2	方針		5.2	方針
5.3	組織の役割、責任及び権限		5.3	組織の役割、責任及び権限
6. 計画			6. 計画	
6.1	リスク及び機会に対処する活動		6.1	リスク及び機会に対処する活動
6.1.1	一般		6.1.1	一般
6.1.2	情報セキュリティリスクアセスメント		6.1.2	情報セキュリティリスクアセスメント
6.1.3	情報セキュリティリスク対応		6.1.3	情報セキュリティリスク対応
6.2	情報セキュリティ目的及びそれを達成するための計画策定	追記	6.2	情報セキュリティ目的及びそれを達成するための計画策定
	該当項番なし	新設	6.3	変更の計画策定
7. 支援			7. 支援	
7.1	資源		7.1	資源
7.2	力量		7.2	力量
7.3	認識		7.3	認識
7.4	コミュニケーション		7.4	コミュニケーション
7.5	文書化した情報		7.5	文書化した情報
8. 運用			8. 運用	
8.1	運用の計画及び管理	追記	8.1	運用の計画及び管理
8.2	情報セキュリティリスクアセスメント		8.2	情報セキュリティリスクアセスメント
8.3	情報セキュリティリスク対応		8.3	情報セキュリティリスク対応
9. パフォーマンス評価			9. パフォーマンス評価	
9.1	監視、測定、分析及び評価	追記	9.1	監視、測定、分析及び評価
9.2	内部監査	追記	9.2	内部監査
9.3	マネジメントレビュー	追記	9.3	マネジメントレビュー
10.改善			10.改善	
10.1	不適合及び是正処置	入れ替え	10.1	継続的改善
10.2	継続的改善	入れ替え	10.2	不適合及び是正処置
附属書A管理目的及び管理策		更新	附属書A（規定）情報セキュリティ管理策(2022)	

2 附属書Aにおける管理策の変更の解説

■管理策（附属書Aとは）

ＩＳＯ２７００１の中には「附属書Ａ」という項目があり、附属書Ａは情報セキュリティ上のリスクを軽減するための管理目的とその目的を達成するための管理策で構成されています。この附属書Ａの管理策についての解説や具体例が記載されたものが「ＩＳＯ２７００２」です。

ＩＳＯ２７００２はＩＳＯ２７００１の管理策を運用するうえで欠かせない規格となるため、ＩＳＯ２７００１のガイダンス規格ともいわれます。

今回の移行は附属書Ａが主となっています。

■管理策の数

ＩＳＯ２７００１：２０１３では管理策が１１４個ありましたが、ＩＳＯ２７００１：２０２２では93個になっています。

数が減っているように見えますが、１１４個の管理策が統合され93個になっているため、実質増えていることがポイントです。

■新たに追加された11の管理策

移行前（２０１３年版）の附属書Ａには、１１４項目からなる管理策がありました。

今回の移行（２０２２年版）では、１１４項目の管理策が、

・58項目　更新
・24項目　統合
・11項目　新規

で、全93項目に削減されています。

	新たに追加された11の新規管理策
5.7	脅威インテリジェンス
5.23	クラウドサービスの利用における情報セキュリティ
5.30	事業継続のためのICTの備え
7.4	物理的セキュリティの監視
8.9	構成管理
8.10	情報の削除
8.11	データマスキング
8.12	データ漏洩防止
8.16	監視活動
8.23	ウェブ・フィルタリング
8.28	セキュリティに配慮したコーディング

項数としては削減されているように見えますが、24項目が統合されているだけで、結果的には11項目が新規追加されています。

統合された93項については、「5．組織的管理策」「6．人的管理策」「7．物理的管理策」「8．技術的管理策」の4つに分類されています。

そのなかで、追加された11の管理策について新たに対応する必要があります。

①脅威インテリジェンス

脅威インテリジェンスとは脅威の防止や検知に利用できる情報の総称です。

管理策としては、「情報セキュリティの脅威に関連する情報を収集・分析し、脅威インテリジェンスを構築することが望ましい」とされています。

つまり、どのようなサイバー攻撃の種類や手法があるか情報収集し、会社にどういったセキュリティリスクが内在しているかを分析しましょうということです。

②クラウドサービスの利用における情報セキュリティ

クラウドサービス利用の一般化に伴い、管理策を網羅的にするため、ISO27002にクラウドサービス利用に関して独立した管理策を取り入れました。

管理策としては、「クラウドサービスの取得、利用、管理、及び終了のプロセスを、組織の情報セキュリティ要求事項に従って確立することが望ましい」とされています。

つまり、利用するクラウドサービスが一定の水準のセキュリティ事項を満たしているか、確認しましょうということです。

例えば、プロバイダとの責任は明確になっているか？　適切なセキュリティ対策が施されているか？　クラウドサービスに保管されたデータはどこにあるのか（日本国内・外国）？　などです。

クラウドサービス契約では多くの場合、事前に定義されているため、全てのクラウドサービスについて、クラウドサービスプロバイダとのクラウドサービス契約／利用規約をレビューすることがよいでしょう。

③事業継続のためのＩＣＴの備え

移行前にも事業継続計画（ＢＣＰ）の項目は存在しましたが、ＩＣＴの備えにフォーカスした管理策がなかったため、新規に追加されました。

管理策としては、「事業継続の目的とＩＣＴ継続の要求事項に基づいて、ＩＣＴの備えを計画、実施、維持及びテストすることが望ましい」とされています。

つまり、ＢＣＰへの一環として、時間内に必要な「ＩＣＴサービスの可用性」レベルを満たすため、計画の策定・実施・テストを行う必要があります。

④物理的セキュリティの監視

物理的な監視が独立して特化した管理策となっています。

管理策としては、「施設は、認可されていない物理的アクセスについて、継続的に監視することが望ましい」とされています。

監視システムとは、警備員、侵入者アラーム、監視カメラなどのビデオ監視システム、物理的セキュリティ管理ソフトウェアなどが該当します。また、監視カメラに不審な人間が映っていないか？　侵入者アラームが適切に作動するか？　定期的に確認やテストをすることが必要となります。

⑤構成管理

移行前はＩＴの設定や構成管理

ISO27001：2013　附属書A（規定）管理目的及び管理策		管理策数
A.5	情報セキュリティのための方針群	2
A.6	情報セキュリティのための組織	7
A.7	人的資源のセキュリティ	6
A.8	資源の管理	10
A.9	アクセス制御	14
A.10	暗号	2
A.11	物理的及び環境的セキュリティ	15
A.12	運用のセキュリティ	14
A.13	通信のセキュリティ	7
A.14	システムの取得、開発及び保守	13
A.15	供給者関係	5
A.16	情報セキュリティインシデント管理	7
A.17	事業継続マネジメントにおける情報セキュリティの側面	4
A.18	順守	8

新設：11個
統合：24個
更新：58個
削除：0個

ISO27001：2022　附属書A（規定）情報セキュリティ管理策		管理策数
5	組織的管理策	37
6	人的管理策	8
7	物理的管理策	14
8	技術的管理策	34

に特化した管理策が存在しませんでしたが、新たに採用されました。

管理策としては、「ハードウェア、ソフトウェア、サービス及びネットワークのセキュリティを含む構成を確立し、文書化し、実装し、監視及びレビューすることが望ましい」とされています。

つまり、利用するハードウェア、ソフトウェア、サービスを全て把握し、セキュリティが決まった構成の標準テンプレートを定める必要があります。また、「構成内容が標準テンプレートから逸脱していないか、監視することも望ましい」とされています。

⑥情報の削除

移行前は情報機器や媒体の処分

については管理策はありましたが、情報の削除に特化した管理策はありませんでした。個人情報の取り扱いが厳しくなってきたことで、情報の削除も新たな管理策として採用されました。

管理策としては、「情報システム、装置またはその他の記憶媒体に保存されている情報は、必要がなくなった場合は削除することが望ましい」とされています。

ここでは、取り扱う情報については、業務上必要がなくなったタイミングで削除すること（コピーや一時ファイルを含む）が要求されています。クラウドサービス内の情報については、「クラウドサービス提供者に情報の削除を要請することが望ましい」とされています。

⑦データマスキング

プライバシー保護意識と、ビッグデータの利用におけるニーズの高まり、プライバシー関連法規制に対応する管理策匿名化・仮名化に特化する管理策がなかったため、追加されました。

管理策としては、「データマスキングは、適用される法律を考慮して、アクセス制御に関する組織のトピック固有の個別方針及びその他の関連するトピック固有の個別方針、ならびにビジネス要求事項に従って使用することが望ましい」とされています。

個人情報に対して、仮名化または匿名化の手法を使用する際には、法令の定めや関連する要求事項に則り、加工しましょうとのことです。また、データが適切に仮名化または匿名化されていることを検証することが望ましいです。

⑧データ漏洩防止

技術的なデータ漏洩防止の対策ツールに関する管理策です。

管理策としては、「データ漏洩防止対策を、取り扱いに慎重を要する情報を処理、保存、または送信するシステム、ネットワーク及びその他のデバイスに適用することが望ましい」とされています。

つまりデータが漏洩し得る経路（電子メール、ファイル共有サービス、モバイル機器など）を監視し、リスクに応じて対策しましょうということです。

⑨監視活動

インシデント管理において、人による報告だけではなく、ツール・モニタリングシステム等による管理策を強化するため追加されました。

管理策としては、「情報セキュリティインシデントの可能性がある事象を評価するために、ネットワーク、システム及びアプリケーションについての異常な行動・動作がないか監視し、適切な処置を講じることが望ましい」とされています。

使用システムのイベントログなどを監視し、正常な行動・動作のベースラインを確立したうえで、基準から逸脱している異常を監視しましょうということです。

⑩ウェブ・フィルタリング

マルウェアを含む、怪しいサイトにアクセスできないようにすることに特化した管理策です。

管理策としては、「悪意のあるコンテンツへさらされることを減らすために、外部のウェブサイトへのアクセスを管理することが望ましい」とされています。

違法な情報が掲載されていたり、ウイルスやフィッシングの材料が含まれていることが知られているウェブサイトに、組織の要員がアクセスするリスクを減らしましょうということです。

保護されていないウェブサイトのＩＰアドレスやドメインをブロックする方法などがあります。

⑪セキュリティに配慮したコーディング

移行前にも「セキュリティに配慮したシステム構築の原則」「セキュリティに配慮した開発環境」はありましたが、セキュアコーディングに特化した管理策がなかったため、追加されました。

管理策としては、「セキュリティに配慮したコーディングの原則をソフトウェア開発に適用することが望ましい」とされています。

システム開発基準（設計開発基準、命名規約、コーディング規約、フレームワーク適用基準他）を設け、そのセキュリティ基準に則り開発を行う必要があります。

3 規程・帳票の対応

■規程の対応

ＩＳＯ２７００１（ＩＳＭＳ）の規程に関して変更が必要な文書は、大きく分けて３つに分類されます。

①マニュアル
②適用宣言書
③管理策に関わる規程

■帳票の対応

基本的に、現在使用している帳票の変更が必要な部分はありません。

③新たに追加された11の管理策について、現状の規程で網羅できているか確認、網羅されていなければ新しく規定する。

②114項目から93項目に変更された管理策について、適用するか否かを明示できるように改訂する。

①規格移行（本文）での「変更部分の解説」に記載の主な変更点を記載する。

4 組織の優先事項を決め、構築、運用する

■法令遵守を基本とする

ＩＳＯ２７００１を認証取得する組織の活動は、大きく分類すると4つの要求によって動いています。

①顧客からの要求
②法令条例等その他規範の要求
③経営層の要求や方針
④規格独自の要求事項（非生産活動のため、最小限とするのがよい）

このうち「②法令条例等その他規範の要求」については、個人情報保護法や業務に関連する法令を遵守することが事業者にとって必須事項となります。

「④規格独自の要求事項」は最小限にするほうがよいので、事業に関連する法令や条例、規範に記載されている以上のことは原則無理をしないのがポイントとなります。

例えば、もし現状の法令を遵守しているのにもかかわらず、審査員から活動に負担となる要求をされたのであれば、その内容の妥当性について見直す必要があります。

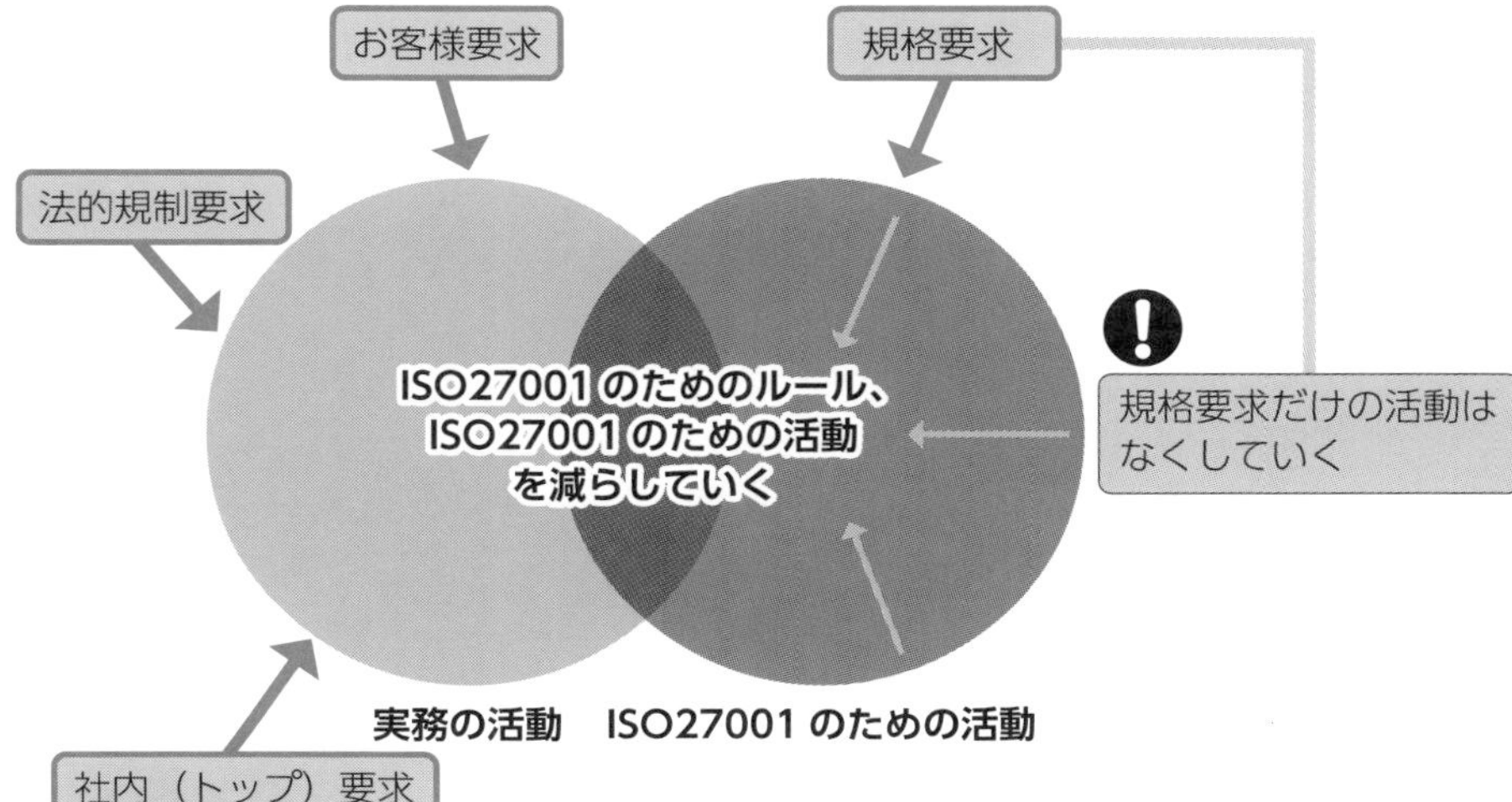
お客様要求
規格要求
法的規制要求
ISO27001 のためのルール、
ISO27001 のための活動
を減らしていく
規格要求だけの活動は
なくしていく
実務の活動
ISO27001 のための活動
社内（トップ）要求

5 ２０２２年版へ移行する前にスリム化

■ＩＳＭＳ運用上のムリやムダを洗い出し、なくす

今回の移行のタイミングを、ＩＳＯ２７００１の運用のスリム化の機会と捉えることも重要なポイントです。

この時に参考になるのが、整理、整頓、清掃、清潔、躾（しつけ）の「５Ｓ活動」の観点です。

移行とは、審査登録上の要件や見せ方が変わることを意味します。つまり、５Ｓ活動における「整頓」のタイミングに該当します。

具体的には規程の項目番号を置き換えていく等の作業になりますが、整頓を行う前に、必ずあることを行う必要があります。

それが「整理」です。整理とは「いるものといらないものを分けて、いらないものを捨てること」を指します。

つまり、ＩＳＯ２７００１を運用するうえでムリやムダと思えるものをなくします。情報セキュリティを高めるうえで不必要な規格要求事項の記載のない、ＩＳＯ２７００１の維持活動となっているようなムリやムダを抱えたまま移行活動を行うと、より大きなムリやムダを作り出し、組織の負担が高まってしまうでしょう。

このムリやムダの見つけ方ですが、例えば前項に書かれた４つの要求事項に沿って考えてみてはどうでしょうか？

顧客からのセキュリティ要求、個人情報保護法及び関連する法令、組織として判断するセキュリティ事項の３つを基本とし、規格が求めることは最低限で済ませるよう

「５Ｓ活動」の観点

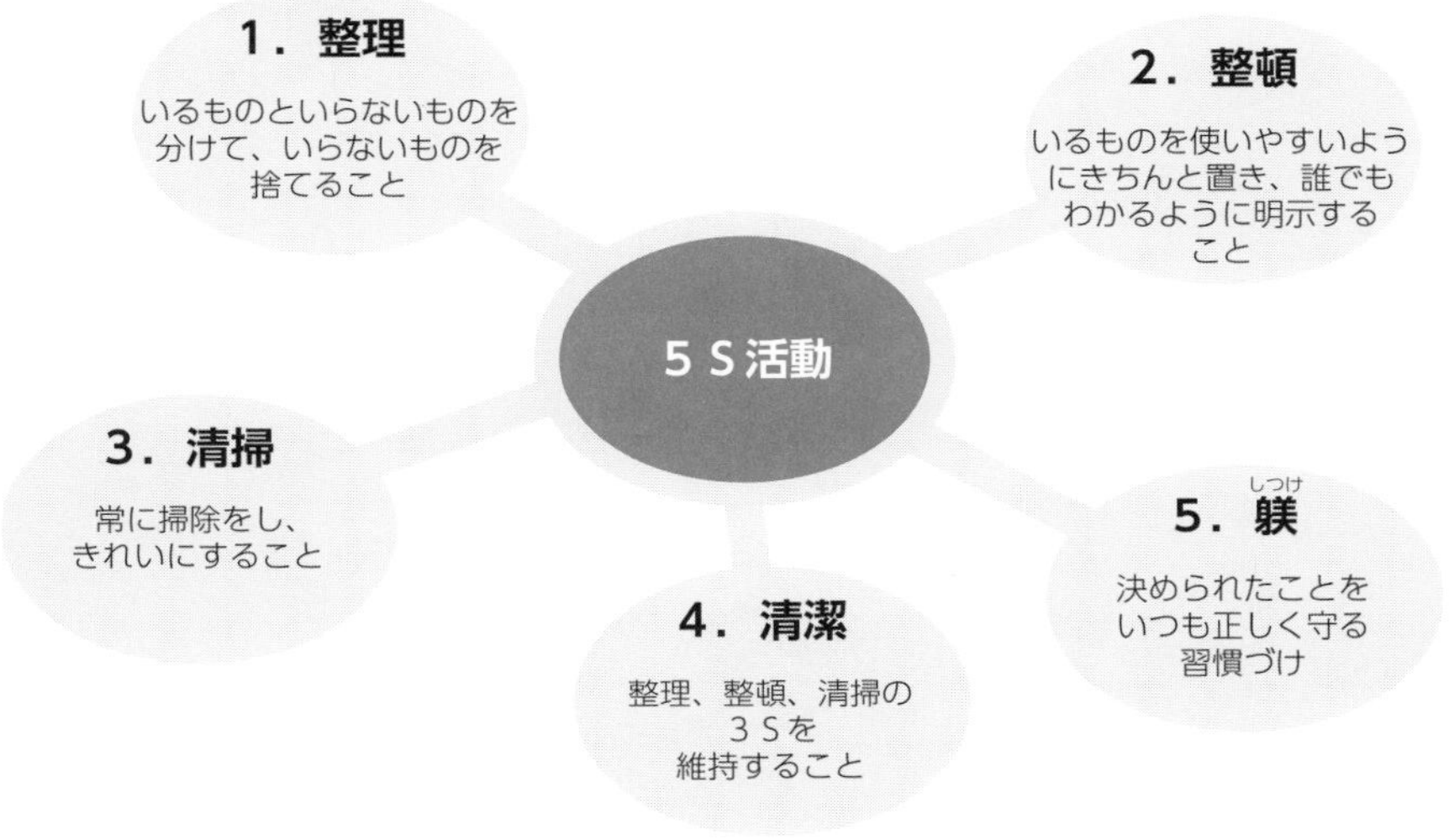

5S活動

1．整理
いるものといらないものを分けて、いらないものを捨てること

2．整頓
いるものを使いやすいようにきちんと置き、誰でもわかるように明示すること

3．清掃
常に掃除をし、きれいにすること

4．清潔
整理、整頓、清掃の３Ｓを維持すること

5．躾（しつけ）
決められたことをいつも正しく守る習慣づけ

にしていくといいでしょう。

規格が求めることについては過去の審査で指摘された事項を曲解して付け加えているケースも多々見られます。ほとんどの場合、こういった曲解した結果の活動は組織の運営にとって足かせとなっています。

まずは「今行っている活動でＩＳＯ２７００１をやめたら必要なくなる活動」を考え、ピックアップしていくといいでしょう。

第3章

ISO/IEC27001：2022の要求事項と附属書Aの解説

1

ＩＳＯ／ＩＥＣ 27001:2022の要求事項と附属書Ａの解説

この章では２０２２年規格の要求事項、附属書Ａの解説を行っていきます。

あくまで解釈を記載しているのであって、その用語をそのままマニュアル、規程類に使用する必要はありません。

２０１３年規格との違いを理解することで、管理策を中心としたやるべきことを明確にしていきましょう。

規格を理解し、文書作成する際のポイントは３つあります。

■成功のポイント①
新設項目、変更項目を理解する

■成功のポイント②
やるべきことを一覧化する

■成功のポイント③
文書作成では規格の難しい言葉を使いすぎない

項番ごとに解説していきます。

※１ 適用範囲、２ 引用規格、３ 用語及び定義は今回は省略します。

成功のポイント①
新設項目、変更項目を理解する

成功のポイント②
やるべきことを一覧化する

成功のポイント③
文書作成では規格の難しい
言葉を使いすぎない

2

4.1 組織及びその状況の理解

■解釈のポイント

２０２２年版では、マネジメントシステムの共通項として登場します。根拠や方法論を要求していないため、組織が置かれている状況をしっかりと把握していればよい項目です。把握の仕方として、外部と内部の課題を踏まえて、目的や戦略を少しだけ体系的に考えてみましょう。

■今行っていることを再認識

同業種のライバルでも、その組織の置かれている状況は違うはずです。あまり難しく考えず、自分たちの状況を把握しましょう。基本的に、何か新しいルールを作る必要はありません。

■外部及び内部の課題の特定

外部及び内部の課題とは、例えば次のようなものです。

①外部の課題……競合他社の新しいサービスの開始、ＡＩなどの新技術の発展、外部からのサイバー攻撃 など

②内部の課題……従業者の高齢化、セキュリティ担当者のワンオペレーション化、アクセス権の見直しルールがない など

既に会議などでこのような内容について話をしていたり、ＳＷＯＴ分析などを行っていたりしたら、それがそのまま使えます。また、トップを交えたマネジメントレビ

外部と内部の課題は？

外部及び内部の課題を踏まえたうえで目的や戦略として
マネジメントシステムを構築して運用することが
意図されている

1）自分たちがコントロールできるもの
2）自分たちがコントロールできないもの

ューで進める方法も考えられます。方法論にこだわらず、組織の現在の取り組みを客観的に考えてみましょう。

■旧規格との違い

本項目は旧規格からの大きな変更はありません。既に運用されている方法を継続いただいて問題ありません。

3

4.2 利害関係者のニーズ及び期待の理解

■解釈のポイント

「利害関係者とは誰か？」を把握することです。また、利害関係者から何を求められているかを把握し、応えていく活動を行うことです。

■「利害関係者」「ニーズ」「期待」とは？

「ニーズ」とは今既に求められていること、「期待」とは要求はされていないけれど、暗に求められていることと考えてみてください。

期待は、競合他社との差別優位点となることが多いため、ニーズ同様に対応していきたいところです。

また、２０２２年版では「要求事項のうちＩＳＭＳを通して取り組むもの」を決定する必要性が追加されています。利害関係者のニーズと期待を洗い出し、優先順位を付けて取り組むものを決めてください。

■要求事項に関する情報を監視するレビューとは？

役員会議やマネジャー会議といった会議体や既存の仕組みを活用してください。

もちろん、マネジメントレビューを使ってもかまいません。

■旧規格との違い

「要求事項のうちＩＳＭＳを通して取り組むもの」を決定する必要性が追加されています。

利害関係者のニーズ・期待

利害関係者の把握とその利害関係者からの要求を
把握しておくことが意図されている

1） ISMSに関連する利害関係者
2） それらの利害関係者と関連する要求事項

**ISMSを通して
取り組むものを
決定**

4

4.3 情報セキュリティマネジメントシステムの適用範囲の決定

■解釈のポイント

組織の情報セキュリティマネジメントシステム適用範囲の「組織上の境界がどこか?」「規格要求事項の適用が可能か?」を明確にすることを指しています。特に対象となる業務及びそのプロセスを明確にし、以下の内容を考慮したうえで、文書化が必要になります。

■おさえるべき3つのポイント

おさえるべきポイントは次の①~③です。

①4.1で規定した外部、内部の課題。

②4.2で決定した利害関係者のニーズ、期待の把握、取り組む事項の決定。

③規格要求事項4.3c項については、用語の理解が必要。

インターフェースとは、組織が情報セキュリティを共有する点であり、依存関係とは、他の組織が提供する製品やサービスなどで組織が情報セキュリティに依存している部分を指します。

組織が情報セキュリティリスクを適切にコントロールし、外部の組織とともに信頼性の高い情報セキュリティ環境を維持することを目的としています。

■旧規格との違い

本項目は旧規格からの大きな変更はありません。既に運用されている方法を継続していただいて問

情報セキュリティマネジメントシステムの適用範囲

組織上の境界がどこか及び規格要求事項の適用が可能か
どうかを明確にすることが求められている。
特に対象となる製品及びサービスの種類も
明確にする必要がある。

題ありません。

5

4.4 情報セキュリティマネジメントシステム

■解釈のポイント

情報セキュリティマネジメントシステムの構築・運用を求めています。4.1と4.2が考慮されていることで、各組織で捉え方が変わってよいことを意味しています。

図の通り、ＰＤＣＡサイクルが重要となります。

リスク及び機会への取り組みがあることで、これにより組織の置かれている状況、かつ各々ができる範囲で、やるべきことを進める必要があります。

■旧規格との違い

本項目は、旧規格からの大きな変更はありません。既に運用されている方法を継続していただいて問題ありません。

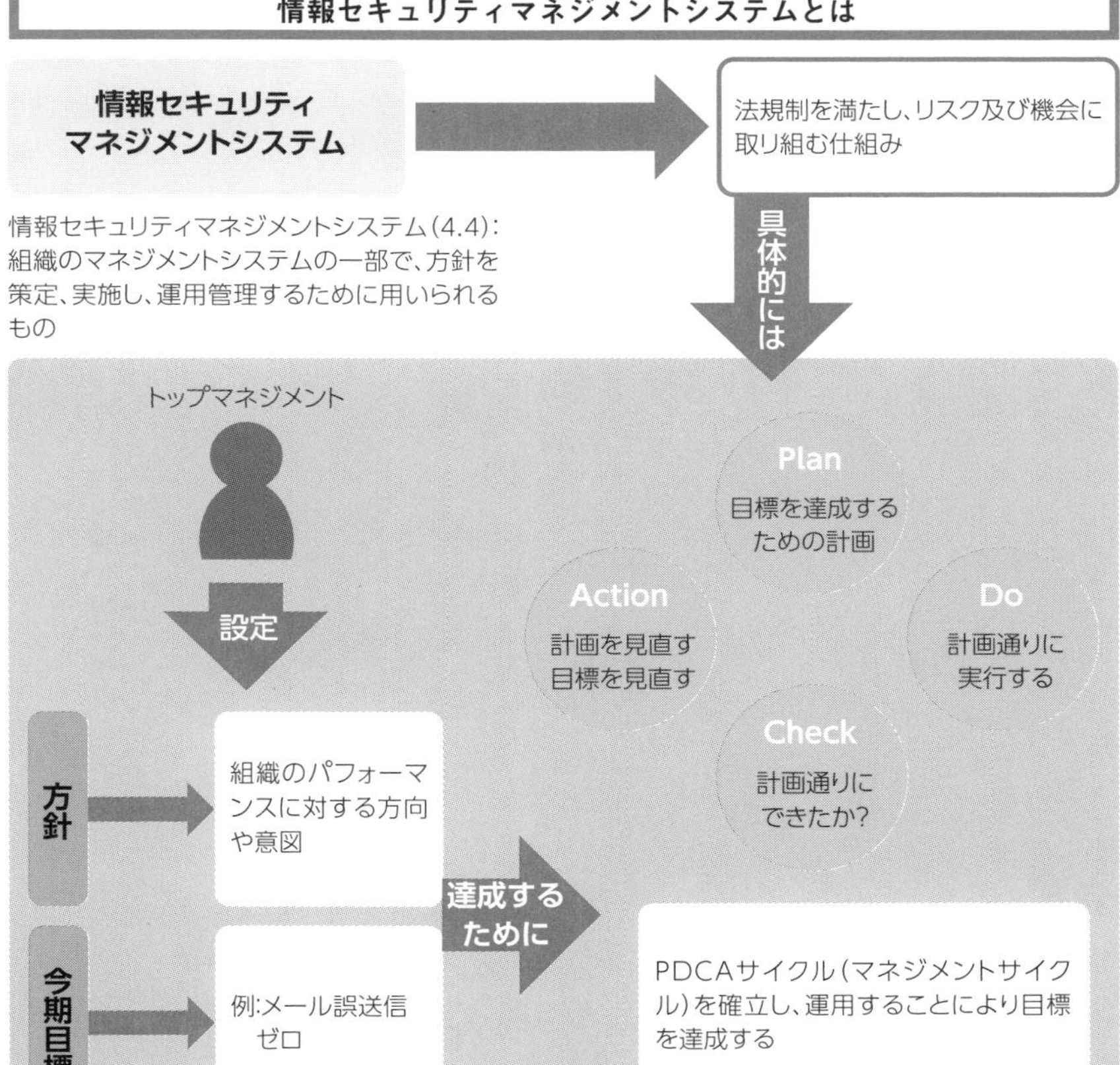
情報セキュリティマネジメントシステムとは
情報セキュリティ
マネジメントシステム
法規制を満たし、リスク及び機会に
取り組む仕組み
具体的には
情報セキュリティマネジメントシステム(4.4):
組織のマネジメントシステムの一部で、方針を
策定、実施し、運用管理するために用いられる
もの
トップマネジメント
設定
Plan
目標を達成する
ための計画
Action
計画を見直す
目標を見直す
Do
計画通りに
実行する
Check
計画通りに
できたか?
方針
組織のパフォーマンスに対する方向
や意図
今期目標
例:メール誤送信
ゼロ
達成する
ために
PDCAサイクル(マネジメントサイクル)を確立し、運用することにより目標
を達成する

6

5.1 リーダーシップ及びコミットメント

■解釈のポイント

方針を出しただけではなく、実際にどういう運営がなされているのか、また、どういう結果になっているのか、トップが組織へ伝達する責任が求められています。

■どのような関与が必要か

まとめると、規格要求事項のa)～h)の8つが求められています。

難しく感じられるかもしれませんが、実際にはそもそも、トップが普段から行っていることとつながっているため、日常業務の中で情報セキュリティマネジメントシステムが運用できるようにさえすれば、問題ありません。

■大切なのは説明することができるか

4.1で出した組織それぞれの課題や、4.2で出した求められている内容がそれぞれ異なっているため、「成果とその活動に説明責任を負う」ことが求められます。

具体的には、トップがどういう状況であるのかを説明できることが大切になります。

■旧規格との違い

本項目は旧規格からの大きな変更はありません。既に運用されている方法を継続していただいて問題ありません。

リーダーシップ及びコミットメントとは

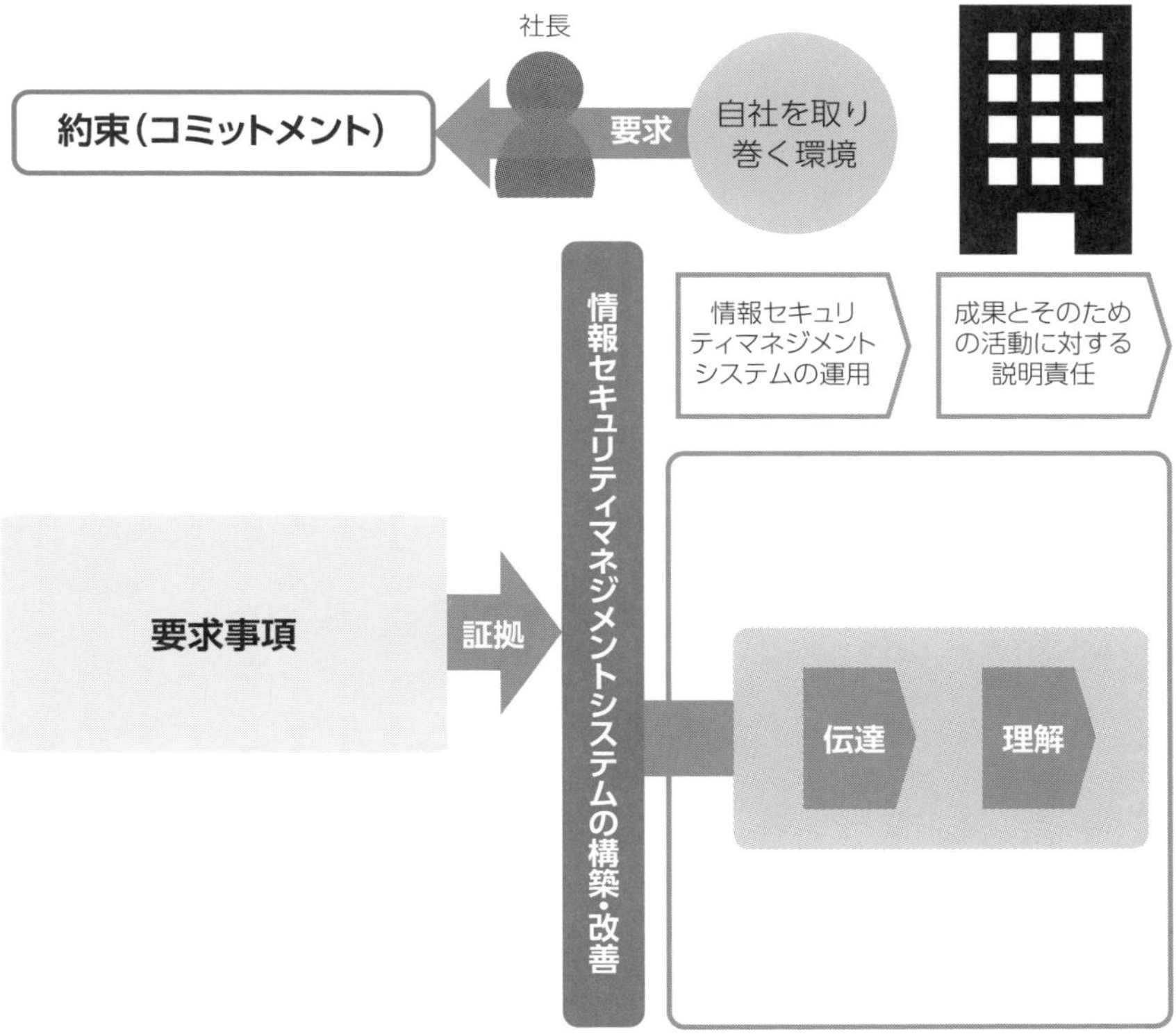

社長

約束(コミットメント)

要求

自社を取り巻く環境

情報セキュリティマネジメントシステムの構築・改善

情報セキュリティマネジメントシステムの運用

成果とそのための活動に対する説明責任

要求事項

証拠

伝達

理解

7 5.2 方針

■解釈のポイント

お客様や法令、また組織として求めていることを、組織全体で満たしていく要求に対してどういう方向性や戦略で応えていくか、トップ自ら示そうという項目です。

同じ業種でも、例えばメールの誤送信を減らすことができないと判断する組織と、減らすことができると判断する組織があります。

これはどちらかが誤っているということではなく、トップ自らが方向性を示した結果であれば、それでいいのです。

大切なのは、トップが組織の目的や特性を踏まえ、ＩＳＭＳ（ＩＳＯ２７００１）の方向性を示しているかどうかです。

■目的に沿っていること

組織の活動は、トップの考えるビジョンや法令、組織として求められていることに応えていくことで、成り立っています。

組織の目的にＩＳＭＳ（ＩＳＯ２７００１）の方針が沿っていることを確認しましょう。

■旧規格との違い

本項目は旧規格からの大きな変更はありません。既に運用されている方法を継続していただいて問題ありません。

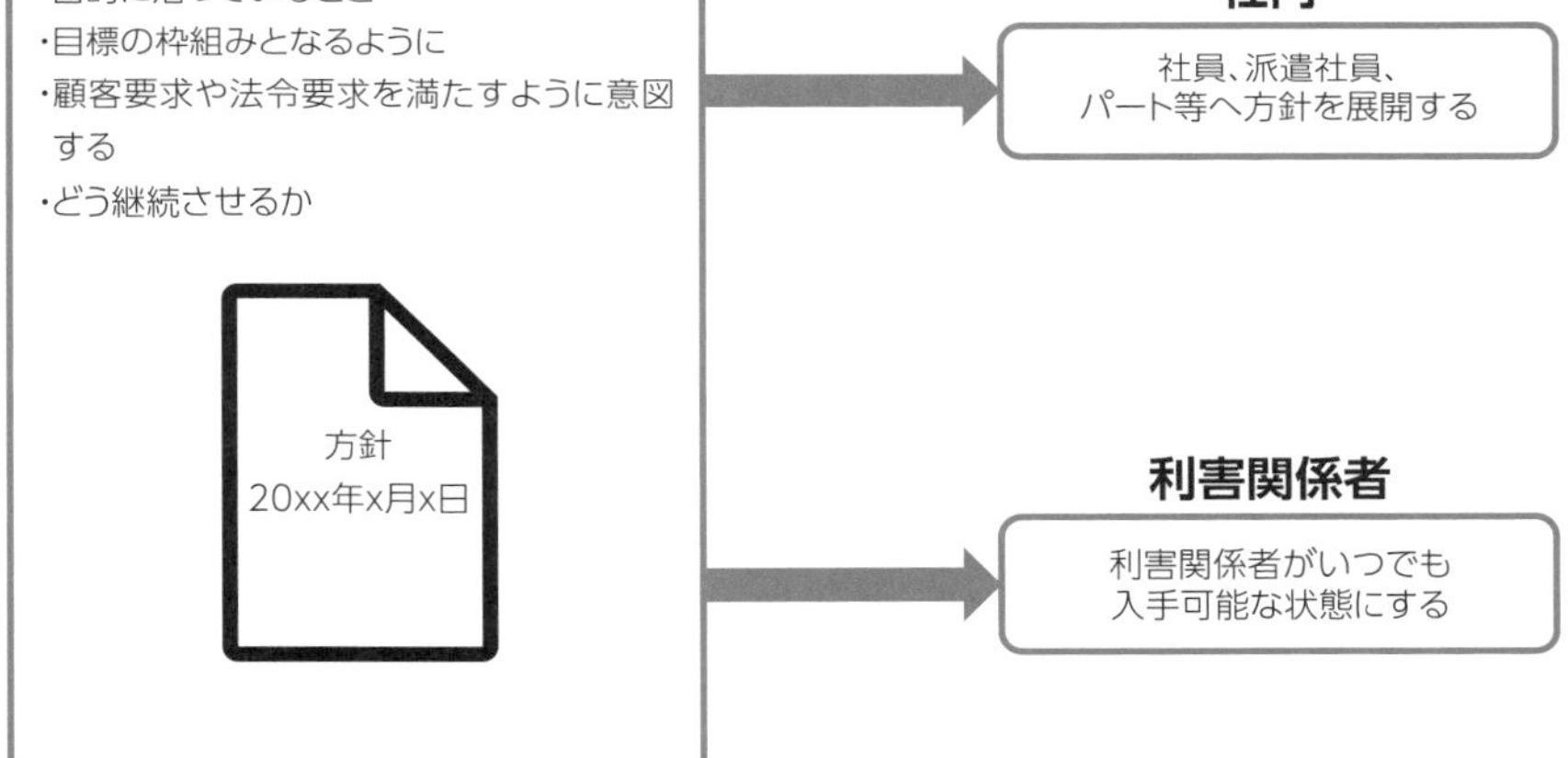
トップマネジメントが示す意図や方向性
トップマネジメント
方針
組織の目的に沿った
活動の方向性
記載のポイント
・目的に沿っていること
・目標の枠組みとなるように
・顧客要求や法令要求を満たすように意図する
・どう継続させるか
方針
20xx年x月x日
社内
社員、派遣社員、
パート等へ方針を展開する
利害関係者
利害関係者がいつでも
入手可能な状態にする

8

5.3

組織の役割、責任及び権限

■解釈のポイント

情報セキュリティマネジメントシステムを作ったり、動かしたりしていく場合に、誰がどの範囲を担当すると目的を果たせるのか、トップ自らが役割や責任権限を割り振るべきという意図があります。

■トップの仕事

組織の実情としては新規入社者に認証や運用を任せているところも多く、その場合、作業はできても意思決定はできません。このあたりの運営管理と作業管理を分け、組織内に伝達し、理解させるために、適切性をトップが自ら判断し割り当てることが大切です。

また、管理責任者を明確に決めておく要求はありませんが、運用を進めるうえでは必要であり、組織内で必要な範囲で決めてあればよいでしょう。

■旧規格との違い

本項目は旧規格からの大きな変更はありません。既に運用されている方法を継続していただいて問題ありません。

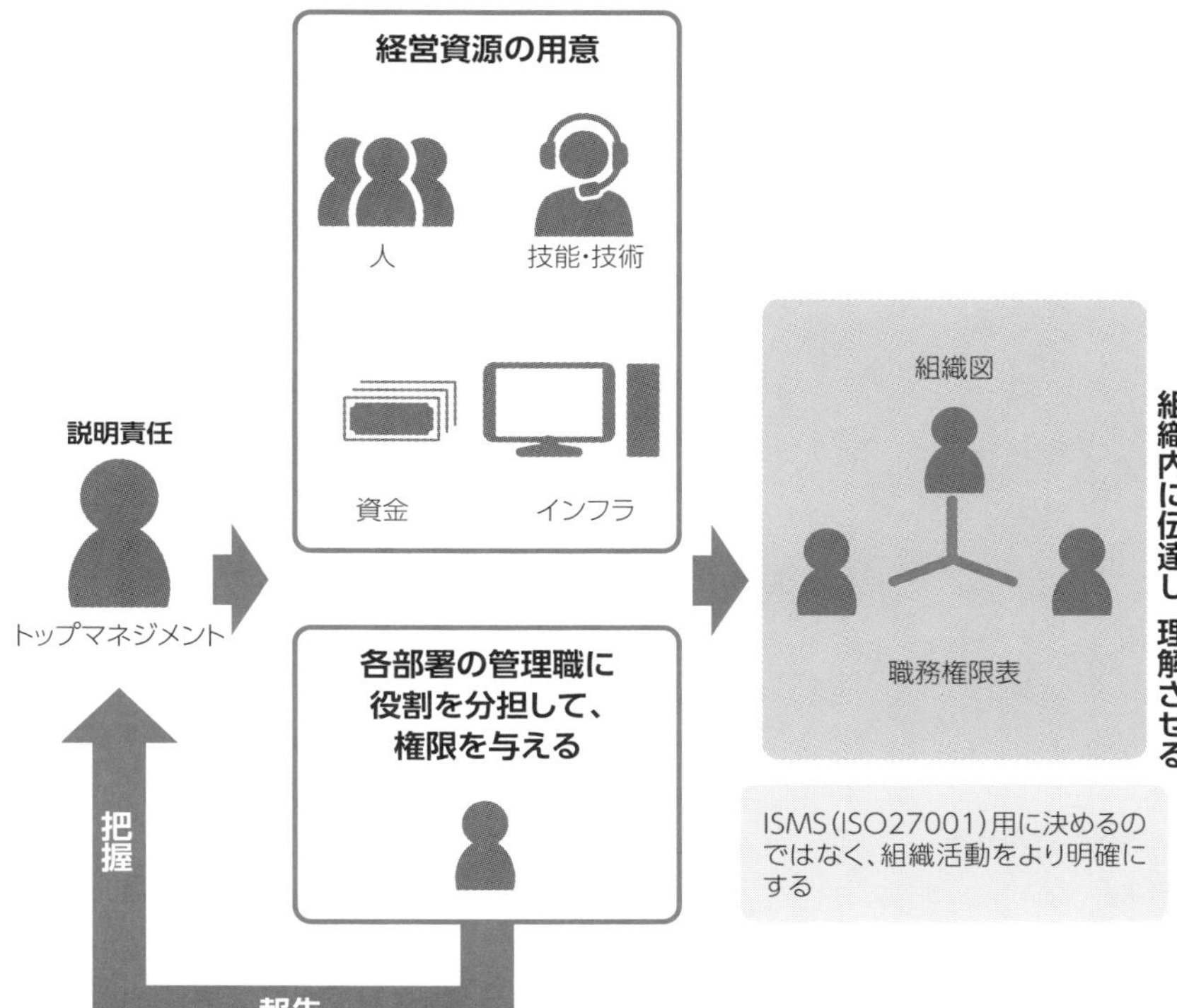
役割、責任、権限を決める
経営資源の用意
人
技能・技術
資金
インフラ
説明責任
トップマネジメント
各部署の管理職に
役割を分担して、
権限を与える
把握
報告
組織図
職務権限表
組織内に伝達し、理解させる
ISMS(ISO27001)用に決めるのではなく、組織活動をより明確にする

9

6.1 リスク及び機会に対処する活動

6.1.1 一般

■解釈のポイント

リスクと機会を考えることになる事項が、「4.1組織及びその状況の理解」「4.2利害関係者のニーズ及び期待の理解」です。

つまり「○○の課題があるので、××のリスクがある」というような考え方です。

■とにかく難しく考えないこと

この規格では、見つかったリスクに対してリスクをなくすことを要求していません。また、コンサルタント会社が使う「SWOT分析」のようなツールを導入しろというわけでもありません。

■ルール作りのポイント

例えば、「新しいサイバー攻撃」があるとします。これは外部の課題です。しかし、これは業界全体のことで、ライバルも同じです。今後の動きから「好ましくないリスク」ともいえそうです。これを受け、「情報セキュリティ関連当局からの情報をウォッチする機会を増やす」と決めたとします。そうすると、サイバー攻撃を受けた際に速やかに対策を打てますし、変化にも敏感になることができるので、今後新たに発生した脆弱性などの課題に対してよりスピード感をもって対応できるようになるかもしれません。その課題を解決する方法を組織で思いつくことができたら、新しい商売ができるかもしれません。これが、ライバルが手を出さないところへの活動と

リスク及び機会への取り組みとは

1）ISMSが意図した成果の達成を確実にする
2）望ましくない影響を防止または低減する
3）継続的改善を達成する
→リスク及び機会への取り組みを計画し、ISMSと統合、
有効性を評価することが求められている

1）4.1 内部及び外部の課題　2）4.2 利害関係者の要求事項

なり、「機会＝チャンス」になってきます。

　このような話を、組織では具体的にどのシーンでどういう人が進めているのかを考え、ルール作りをしていくことになります。

　また、計画しなければならないという言葉があるからといって、いきなり「計画書」を作れということではありません。状況を把握し、「こうしよう！」と、内容の検討を行っているのであれば、それをそのまま審査で見てもらいましょう。

　例えば、マネジメントレビューのようにトップを交えて検討しているのであればそれをそのまま活かしていくとよいでしょう。

■旧規格との違い

　本項目は旧規格からの大きな変更はありません。既に運用されている方法を継続していただいて問題ありません。

10

6.1.2 情報セキュリティリスクアセスメント

6.1.3 情報セキュリティリスク対応

■解釈のポイント

この項目では、情報セキュリティリスクを適切に評価し、処理することを通じて、情報資産を保護するために適切な計画・実施を求めています。

■基準とプロセスを決める

情報資産を保護するために、リスクを受容する基準やリスクアセスメントを実施するための基準を決めて、リスク分析、リスク評価を行い、そのプロセスを文書に残しておきます。

ステップ①

情報資産の定義を決めて、組織内にどんな情報資産があるか洗い出します。

ステップ②

洗い出した情報資産を機密性、完全性、可用性を考慮し評価します。

ステップ③

情報資産を取り扱う中で、想定されるリスクやそのリスクが起きた時の影響範囲、現在のルールでどこまで対策できるか？ 現状のルール上の課題はないか？ などを評価します。

ステップ④

評価した結果、リスクに対応するかどうかを決定します。この際、リスク値など数字で評価できるようなルールを決めておくと、より客観的な評価ができます。

ステップ⑤

リスク対応に必要なルールと附属書Aを比較して、「適用宣言

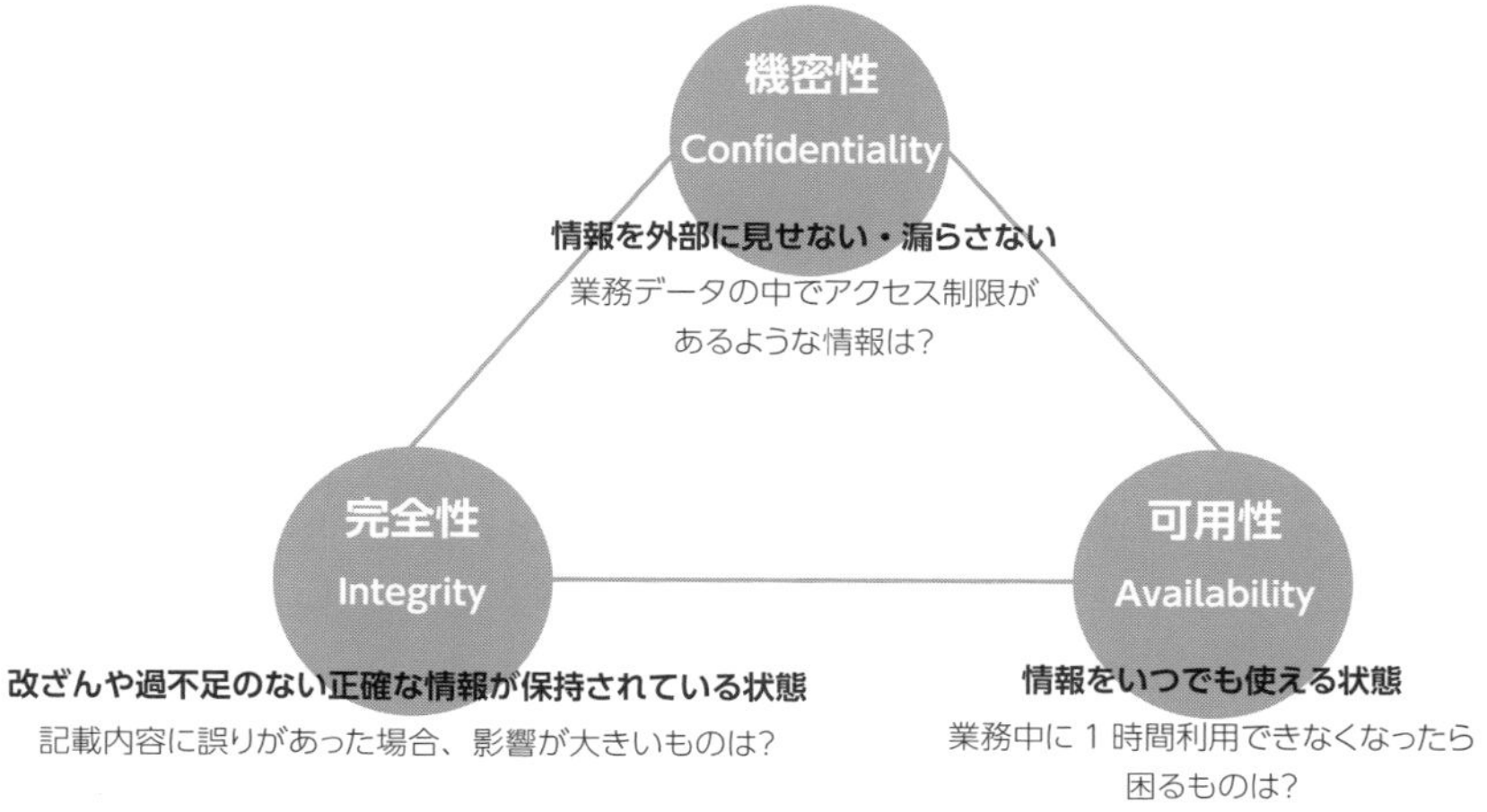

機密性
Confidentiality
情報を外部に見せない・漏らさない
業務データの中でアクセス制限があるような情報は？

完全性
Integrity
改ざんや過不足のない正確な情報が保持されている状態
記載内容に誤りがあった場合、影響が大きいものは？

可用性
Availability
情報をいつでも使える状態
業務中に1時間利用できなくなったら困るものは？

書」を作成します。

忘れてはいけないのが、事業プロセスとの統合です。ISO27001（ISMS）のためだけのルールではなく、月次のトップを交えた会議があるのであれば、現在抱えているセキュリティ課題を報告し、トップからの指示などをインプットすることでリスク対応計画を作成することも必要です。ただし、プロセスは決めておく必要があるため、あくまでこのプロセス以外は受け付けないという意味ではないということです。

■旧規格との違い

本項目は旧規格からの大きな変更はありません。既に運用されている方法を継続していただいて問題ありません。

11

6.2

情報セキュリティ目的及びそれを達成するための計画策定

■解釈のポイント

目的の設定、またその実現をするための行動を計画していくことを求めている項目です。

求められていることは2つあります。

①「目的の設定」

②「実現のための計画」

2ステップだとわかりやすいように、規格も2段階に項目を分けて書かれています。

■旧規格との違い

監視する、文書化して利用可能な状態にすることが新しく求められます。

文書化していて、進捗管理をしている組織は変更する必要はありません。

「目的の設定」と「実現のための計画」

具体的に決めていくこと

目的・目標

計画

・誰が行うのか？
・いつまでに行うのか？
・必要なメンバーや資源は？
・何を行うのか？
・どう結果を評価するのか？

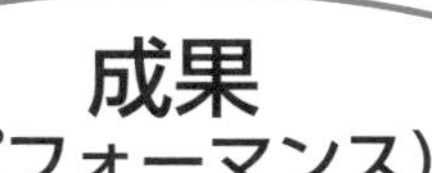

12

6.3

変更の計画策定

■解釈のポイント

ルールを変更していく際に、他のプロセスや部署への影響や負担はないか？　また、人員が必要ないか？　等、特に悪い影響を事前にイメージして先手を打っていこうという項目です。

■変更を行う関連部署等に考慮できているか？

組織で決めたルールは、これが正解というものではなく、成果を出すために試行錯誤して変化するはずです。プロセス管理を推奨する新規格は、「プロセスの運営ルールは変わる前提」で考えています。

そして、実際にルールを変える時には、

・前のルールとの違いを認識できるのか？

・新しいルールは同じ責任者や担当できるのか？

・新しいルールに必要な力量は？

というように、いろいろ考慮すべきことがあり、これらを把握して事前に段取りをしているはずです。

本来行っている活動をどう進めているのかがわかれば、問題ありません。

■旧規格との違い

新設項目ではありますが、ＩＳＯ９００１：２０１５等には既に追加されている項目です。規格の構造を統一させるという意図もあっての移行だと考えられます。複数のマネジメントシステムを運用している組織では、より運用を統合しやすくなるでしょう。

13 7.1 資源

■解釈のポイント

ＩＳＭＳを構築、維持、運用していく時に必要となる資源を明確にしている項目です。成果を出すための資源としてヒト、モノ、そしてそのプロセスが実行される環境に焦点を当てています。ただし、それ以外の情報やカネなどの資源を無視しているわけではありません。

■内部と外部の切り口

資源を考える際の切り口としては、組織の内部と、外注先などの外部があります。

例えば、ヒトの力量に関しても、外注先で働くヒトの力量は無関係ではないということです。

特にヒトの資源を重視しており、「7.2力量」「7.3認識」の項目で、ヒトの資源だけ特別に別の項目を立て、特別扱いをしています。

これは、ヒトはモノと違い、技能という力量だけでは問えない側面があり、そこも含めて枠組みを持っておいてほしいからです。

■人的資源

情報セキュリティに関連する役割と責任を持つスタッフや専門家が求められます。適切なスキルや知識を持つ人材を確保することで、組織の情報セキュリティを効果的に管理することができます。

■技術的資源

情報セキュリティ対策を実施するためには、ハードウェア、ソフ

資源

ヒトの資源

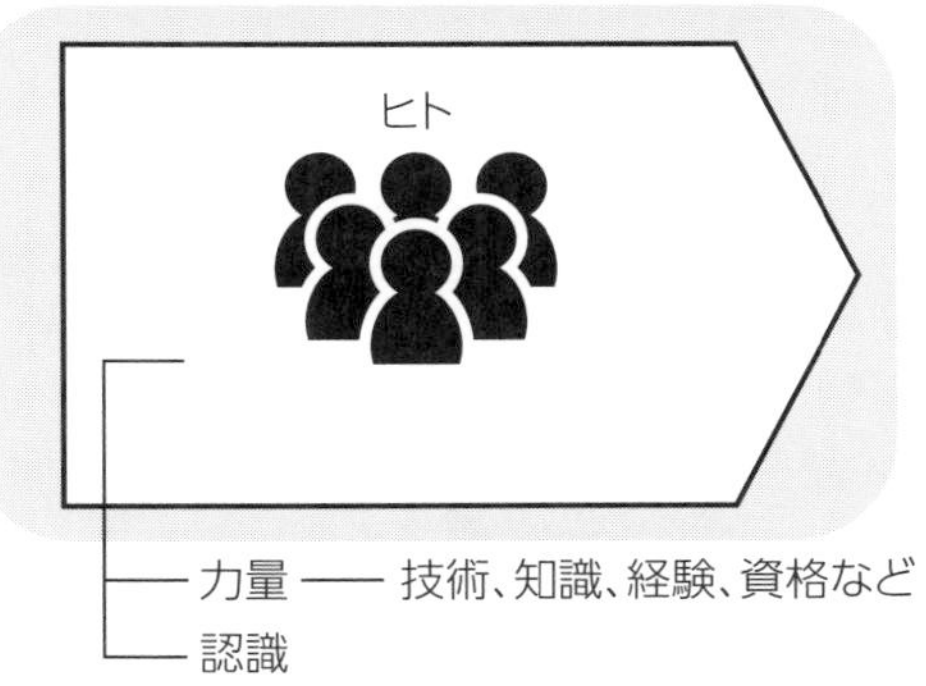

トウェア、ネットワークなどの技術的資源が必要です。

これらの資源を適切に管理し、維持することで、情報セキュリティの脅威から組織を守ることができます。

■金銭的資源

ＩＳＭＳの実施には、人的資源や技術的資源のほか、予算が必要です。

予算を適切に配分し、効果的な情報セキュリティ対策を実現することが重要です。

■旧規格との違い

旧規格との大きな変更はありません。

14

7.2 力量

7.3 認識

■解釈のポイント

力量の明確化

業務を遂行するために必要な力量、例えば個々のメンバーが情報セキュリティに関する知識や経験、技能を持ち、それを実際の業務の中で適切に活用できる能力を指します。

例えば「業務経験5年以上」「ISMS運用経験2年以上」などと力量を特定し、教育や採用などでその力量を満たしていく流れを作ります。

特定の力量を有するために教育が必要であれば、実施していきます。教育計画については必須ではありませんが、教育を実施したことがわかるものは必要です。また、配置転換や採用、アウトソースも力量を満たすための方法です。

■どのように認識させるか？

他にも、ISMS適用範囲内の従業員等に「情報セキュリティ方針」「情報セキュリティ目標」を伝達し、「もし要求事項を守らないとどうなるか？」を認識させるためにルールを作る必要があります。

力量の証拠として、文書化した情報を保持することが求められています。

■旧規格との違い

旧規格との大きな変更はありません。

力量の特定と教育の流れ

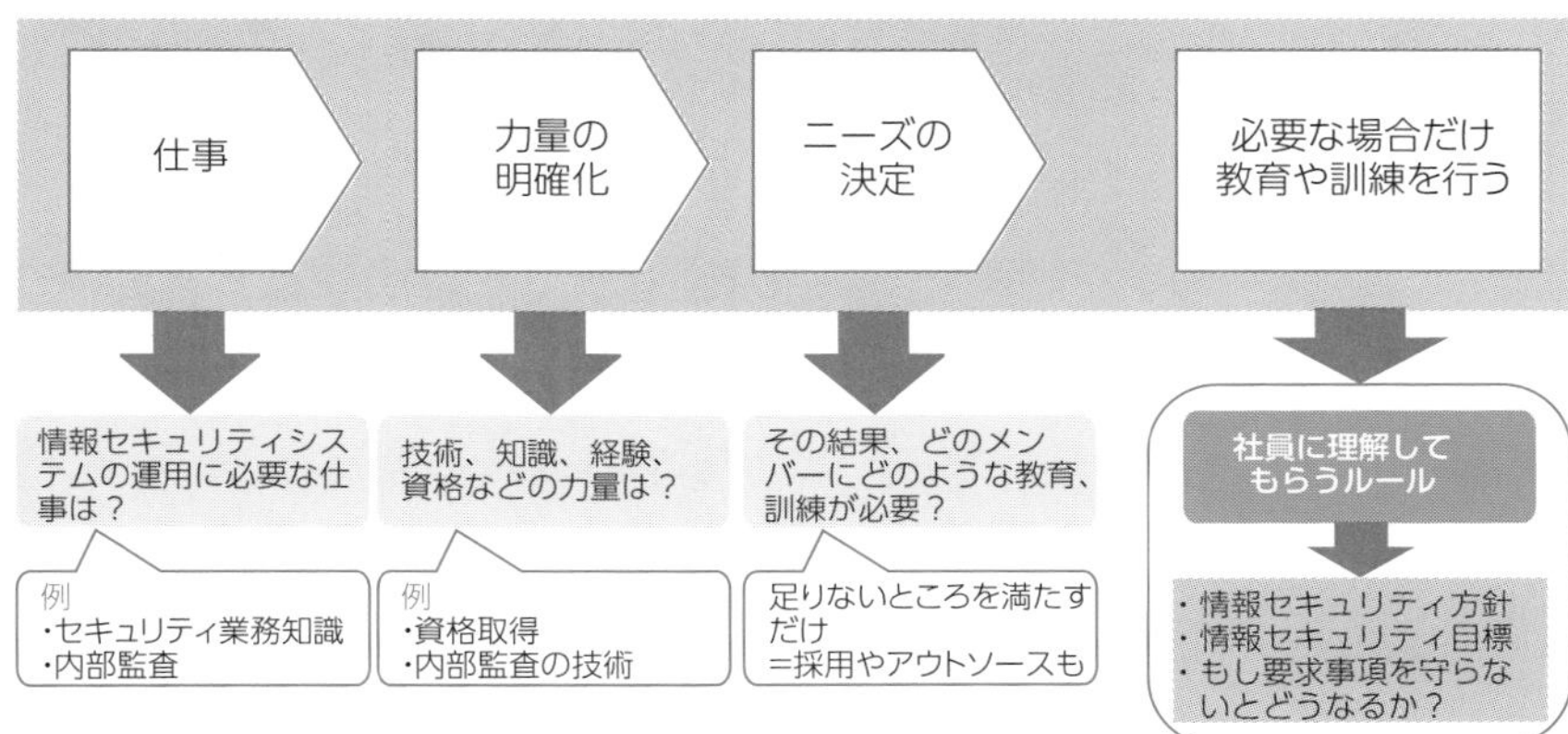
仕事
力量の明確化
ニーズの決定
必要な場合だけ教育や訓練を行う
情報セキュリティシステムの運用に必要な仕事は？
例
・セキュリティ業務知識
・内部監査
技術、知識、経験、資格などの力量は？
例
・資格取得
・内部監査の技術
その結果、どのメンバーにどのような教育、訓練が必要？
足りないところを満たすだけ
=採用やアウトソースも
社員に理解してもらうルール
・情報セキュリティ方針
・情報セキュリティ目標
・もし要求事項を守らないとどうなるか？

15

7.4

コミュニケーション

■解釈のポイント

コミュニケーションとは情報や要求事項の共有、伝達、周知、確認などを指します。今実際に行っている、会議等が該当します。

■社内コミュニケーション

組織の方針や目標、ルールの伝達や周知など、組織の中で実際に行っている内容です。実際の会議や打ち合わせに限らず、組織内のチャット等のやりとりも含めて考えてみましょう。

■社外コミュニケーション

組織外となる顧客、取引先などへの依頼や情報の伝達などのやりとりも、どのように進めるのか決めておきましょう。

■旧規格との違い

旧規格との大きな変更はありません。

既に実施している仕組みで考えてみる

16

7.5 文書化した情報

7.5.1 一般

■解釈のポイント

文書とは、紙や文章はもちろん、電子データ、写真等の画像、音声、漫画、動画、絵、図面、フロー図など、誰にでもわかるようになっていれば、どのような媒体でもかまいません。

「文書化した情報を維持する」は、「文書化した情報を保持する」という表現になりました。これには、なんでも手順書を作るのではなく、できるだけ日常の企業活動を活かして運営しようという意図があります。

文書化した情報の管理には、次の要素が含まれます。

・文書の作成、更新、管理のためのルールや手順の策定
・文書の分類、識別、アクセス権限の設定
・文書のレビュー、承認、配布、保管、廃棄の過程の管理
・文書の改訂・バージョン管理

「文書化した情報を維持する」と文書化を要求されている箇所、「文書化した情報を保持する」と文書化を要求されている箇所は、それぞれ左ページの表の通りです。

■旧規格との違い

旧規格との大きな変更はありません。

文書化した情報を「維持」する		
条項		要求される文書
4.3	情報セキュリティマネジメントシステムの適用範囲の決定	ISMSの適用範囲
5.2	方針	情報セキュリティ方針

文書化した情報を「保持」する		
条項		要求される文書
6.1.2	情報セキュリティリスクアセスメント	情報セキュリティリスクアセスメントのプロセスについての文書化した情報
6.1.3	情報セキュリティリスク対応	情報セキュリティリスク対応のプロセスについての文書化した情報
6.2	情報セキュリティ目的及びそれを達成するための計画策定	情報セキュリティ目的に関する文書化した情報
7.2	力量	力量の証拠を適切に文書化した情報
8.1	運用の計画策定及び管理	プロセスが計画通りに実施されたという確信を持つために必要な文書化した情報
8.2	情報セキュリティリスクアセスメント	情報セキュリティリスクアセスメントの結果を文書化した情報
8.3	情報セキュリティリスク対応	情報セキュリティリスク対応結果を文書化した情報
9.1	監視、測定、分析及び評価	監視及び測定の結果の証拠を、適切に文書化した情報
9.2	内部監査	監査プログラム及び監査結果の証拠を、文書化した情報
9.3	マネジメントレビュー	マネジメントレビューの結果の証拠を、文書化した情報
10.2	不適合及び是正処置	次に示す事項の証拠として文書化した情報 ・不適合の性質及び取った処置 ・是正処置の結果

17

7.5.2 作成及び更新

■解釈のポイント

文書を作成・改訂する場合に、適切に識別され、適切な形式や媒体が使われ、文書の目的に応じて承認やレビューがされていることが求められます。

■文書を作成・更新する時のポイント

2013年規格の要求では、文書に「文書番号」を付けて識別している組織が多く見られました。

しかし、例えば文書名でも識別できるのであれば、あえて文書番号を付ける必要はありません。組織活動にとって適切に識別されていることが大切なのです。

また、2013年規格では、最新の文書は紙で運用している組織が多く、最新文書を版数で識別したり、承認は押印によって運用したりというルールも多く見られました。しかし、実態はパソコン内で電子文書の状態で運用する組織がほとんどになり、今や紙で運用するケースや押印で承認するルールは難しくなっているのではないでしょうか?

こういったケースも同様に適切な媒体で適切に維持できればよく、無理やり紙で印刷して押印するようなルールではなくてもよいということになります。

7.5.3 文書化した情報の管理

文書化した情報の管理には、次の要素が含まれます。

・文書の作成、更新、管理のためのルールや手順の策定
・文書の分類、識別、アクセス権限の設定
・文書のレビュー、承認、配布、

文書管理ルール

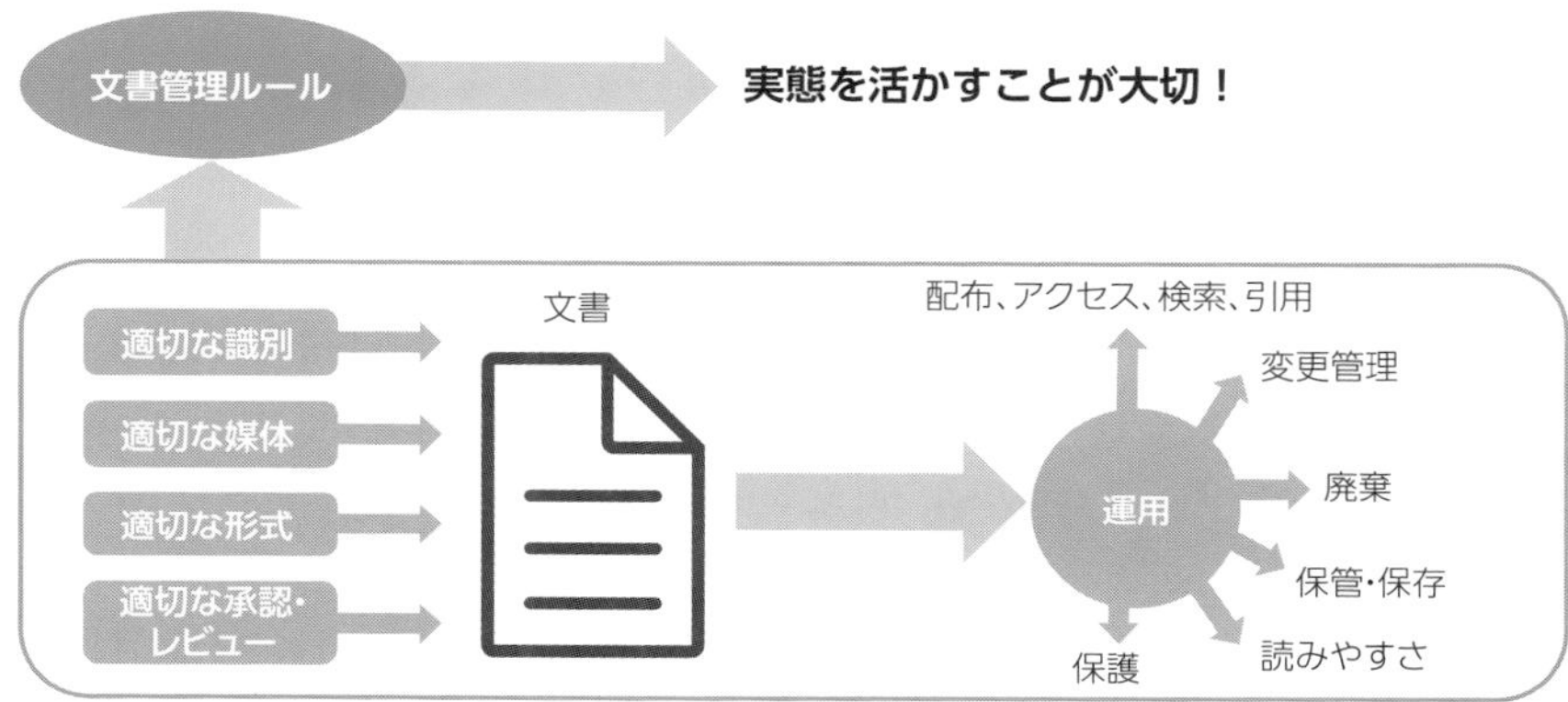

・保管、廃棄の過程の管理
・文書の改訂・バージョン管理

■旧規格との違い

本項目は旧規格からの大きな変更はありません。既に運用されている方法を継続していただいて問題ありません。

18

8.1

運用の計画策定及び管理

組織は、組織全体における情報セキュリティリスクを定期的に評価し、リスクアセスメントの結果に基づいてリスクを管理する必要があります。

その結果に基づいて、適切なリスク対応手段を選択し、リスク対応計画を策定することが求められます。リスク対応計画には、リスクの削減、リスクの移転、リスクの回避、リスクの受容などの選択肢があります。

■旧規格との違い

大きな変更はありません。

■解釈のポイント

顧客の要求や方針、情報セキュリティ目的等の社内の要求など、求められていることを実現するため、どのようにプロセスを運営していくのかを計画していく項目です。

■プロセスをイメージ

前述しましたが、プロセスとは目的やゴールを持った活動です。

19 8.2 情報セキュリティリスクアセスメント

■解釈のポイント

情報セキュリティリスクアセスメントに関連するプロセスや手順、責任を文書化したリスクアセスメントポリシーを決めることが求められます。

リスクアセスメントの範囲、リスク受容基準、評価手法、リスク特定のアプローチに関する情報が含まれている必要があります。

■実施内容

リスクアセスメントプロセスは、次のような手順を含みます。

ステップ①情報資産の特定

組織が保護すべき情報資産（例えば、プロセス、システム、データ）を特定します。

ステップ②リスクの特定

情報資産に関連する脅威と脆弱性を特定し、リスクを検出します。

ステップ③リスクの分析

リスクが組織にどの程度の影響を与えるかを理解し、リスクのレベルを決定します。

ステップ④リスクの評価

リスク受容基準に照らしてリスクを評価し、リスクが受容可能な範囲内かどうかを判断します。

まとめ

リスクアセスメント結果は、情報セキュリティを保護する際に役立ちます。

残留リスクが受容基準を超えている場合には、リスクを減らすための追加のセキュリティ対策が必要です。

リスクアセスメントを定期的に更新し、リスク状況の変化に対応して適切な訂正措置を講じましょう。

20

8.3 情報セキュリティリスク対応

■解釈のポイント

評価されたリスクに対して、適切な対応策を選択します。対応策にはリスクを受け入れる、リスクを減らす、リスクの影響を軽減する、リスクの所在を移転する、リスクの発生を防止する等があります。

■情報セキュリティリスク対応計画の立案

選択された対応策に基づき、リスク対応計画を立案します。

■情報セキュリティリスク対応の実施

立案された計画に従ってリスク対応を実施し、リスク管理をします。

リスク対応の監査と改善を行い、定期的に運用状況を監査し、必要に応じて改善活動を行います。

■旧規格との違い

大きな変更はありません。

軽減

発生の可能性や
影響範囲を小さくする

①テレワーク時の情報セキュリティに関する規程の作成
②OSのアップデート

回避

機器の利用中止等
根源を絶つ

①社外へのPCの持ち出しに制限をかける
②USBメモリーの利用禁止

移転

リスクの所在を
変更する

①社内サーバからクラウドに移行する

受容

現状維持

①システム障害におけるバックアップ手順の確認

21

9.1 監視、測定、分析及び評価

■解釈のポイント

継続的にハイパフォーマンスを続けられる保証はありません。

何度か仮説検証を行い、総合的に見ないと、〝クセ〟や〝傾向〟が見えないこともあります。

評価するために、監視や測定から得た情報を分析することを求めています。

■実施しなければいけないことは？

以下の内容を実施していくことになり、実施結果を証跡として残し、利用可能な状態にしておかなければなりません。

①監視

ＩＳＭＳが適切に機能しているかどうかを、継続的に監視することが求められます。

これには、セキュリティイベントのログを監視することや、不正アクセスの試みやセキュリティ違反を検出するシステムを実装することが含まれる場合があります。

②測定

情報セキュリティの目的、目標や要件に対する達成度を測定する方法を定義し、運用していくことが求められます。

測定の対象となる指標としては、情報セキュリティインシデントの件数、セキュリティトレーニングの受講者数、パスワードポリシーの遵守率などが考えられます。

③分析

組織は、監視や測定から得られ

たデータを分析し、ＩＳＭＳの効果や改善点を特定することが求められます。

この分析によって、セキュリティリスクの変化や新たな脅威が明らかになり、必要な対策を講じることができます。

④評価

組織は、ＩＳＭＳの総合的な性能を評価し、リスクアセスメントやマネジメントレビューによって改善策を立案することが求められます。

評価は、組織全体の情報セキュリティマネジメントの水準を測るための重要な手段であり、組織の情報セキュリティの目標を達成していくうえで欠かせません。

■旧規格との違い

規格が求めている意図に変わりはありません。

22

9.2 内部監査

9.2.1 一般

9.2.2 内部監査プログラム

■解釈のポイント

内部監査とは、そもそも規格要求事項にあったルール作りができているのか？　また、自分たちが作ったルールがその通りに運用されているのか？　そして、方針や目標等が実現できているルールになっているのか？　といった観点で、ルールそのものを見直す機会です。

課題を出すこと、セキュリティ管理プロセスの評価が目的です。

せっかく作ったルールが運用されなければ、目的が実現できません。

またルール通りに行っていても、そのルールに問題があれば成果は出ないでしょう。

この状況を自分たちが確認する機会が、「内部監査」です。

ルールを作ることは成果を出せるだろうという仮説に基づいています。実際に検証しなければわかりません。内部監査は、仮説検証の機会ともいうことができます。

ＩＳＭＳの維持と継続的改善を図るために企業が実施する監査の一環であり、定期的に自組織の情報セキュリティ管理プロセスを評価し、改善点や不整合を洗い出すことが目的です。

■旧規格との違い

これまでは、内部監査員という資格制度を設けて進めている組織も多く見られました。

目的ある活動ですから、力量ある人が行うことは当然としても、日常の仕事として考えると、資格がないとダメというわけではありません。このあたりも、他の組織活動と同じように考えていくとよいでしょう。

■内部監査で行うべきこと

情報セキュリティに対する姿勢や取り組みを定期的に評価し、問題点を見つけ出すことでＩＳＭＳの維持・継続的改善を推進する重要なプロセスです。内部監査プログラムを適切に実施し、情報セキュリティを高めることで、ＩＳＭＳの効果を最大限に発揮できるよう努めましょう。

①内部監査の計画

まずは、内部監査の計画を立てる必要があります。計画では、監査の対象範囲、監査の目的、監査の時期、監査員の割り当てなどを決定します。

②内部監査員の選定

内部監査員は、監査の客観性と公平性を保つために、監査対象に関与しない独立した立場の人物を選定します。

また、内部監査員は、ＩＳＯ２７００１（ＩＳＭＳ）や情報セキュリティ管理に関する知識と経験が求められます。

③内部監査の実施

内部監査員は、監査計画に沿って内部監査を実施します。監査の方法は、書類監査や現場監査、面接などがあります。監査対象は、ＩＳＭＳの適用範囲内にあるリスク管理、人材育成、事業継続管理などを含む、全ての情報セキュリティ管理プロセスです。

④内部監査報告

内部監査後、監査員は監査結果をまとめた内部監査報告書を作成します。報告書には、監査対象ごとの評価結果、不整合や改善点、指摘事項の再現性確認などが記載されます。

⑤改善措置の実施とフォローアップ

内部監査報告を受けた組織の管理者は、指摘された改善点や不整合に対処するために必要な措置を講じます。

その後、監査員は改善措置が適切に実施されたかどうかを確認し、必要に応じてフォローアップ監査を行います。

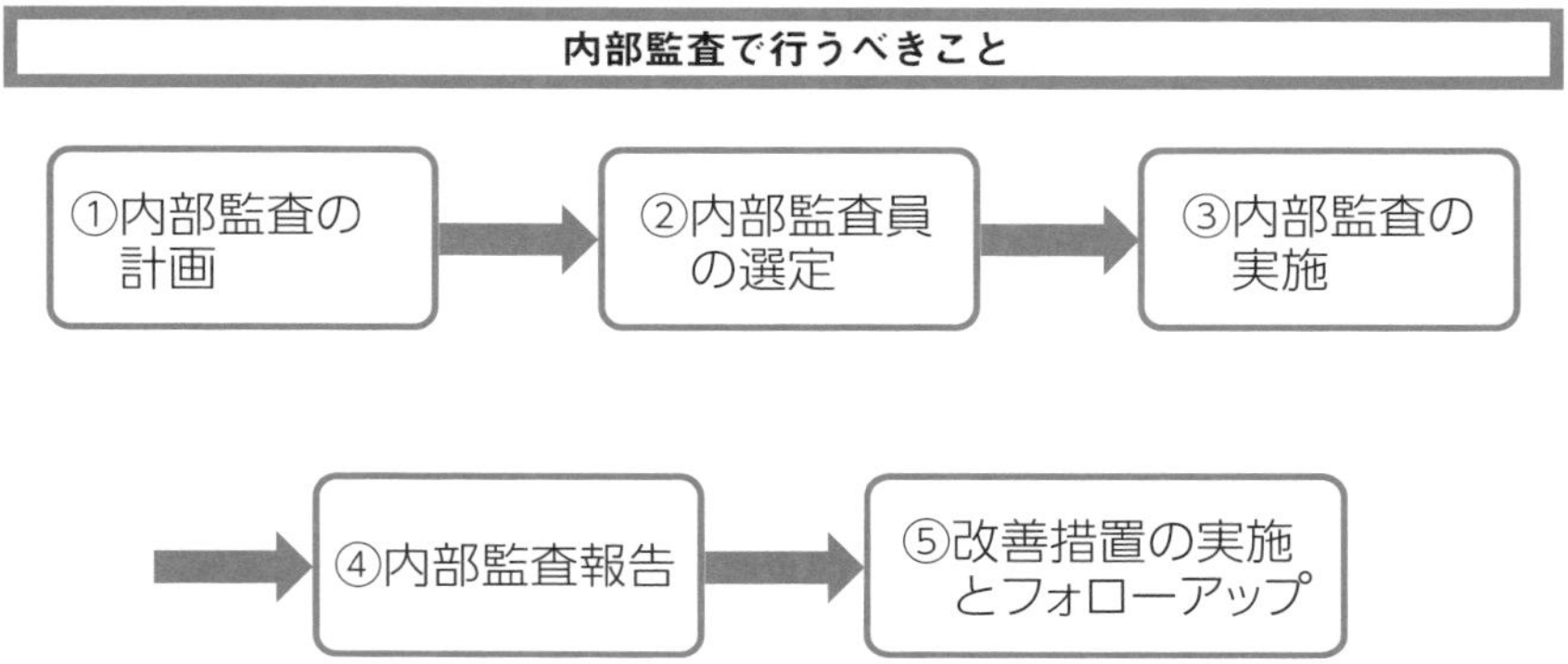

内部監査で行うべきこと

①内部監査の計画 → ②内部監査員の選定 → ③内部監査の実施 → ④内部監査報告 → ⑤改善措置の実施とフォローアップ

23

9.3 マネジメントレビュー

9.3.1 一般

9.3.2 マネジメントレビューへのインプット

9.3.3 マネジメントレビューの結果

■解釈のポイント

ＩＳＭＳの効果的かつ適切な運用を維持・改善するための、管理プロセスの一部です。

マネジメントレビューは定期的かつ計画的に実施し、組織のトップマネジメントが組織の情報セキュリティ方針と情報セキュリティ目的に適合していることを確認し、必要に応じて改善策を決定します。

■トップがインプットすること

まず、トップが以前指示した内容に対する行動結果を確認することから始まります。

これは、マネジメントレビューそのものを形骸化させないために、重要です。

そのほかは特に難しく考えずに、これまで作ったルールや活動の報告をすると考えれば、ほとんどの事項が網羅されます。

トップに正確な意思決定を促すためには、漏れのない確実な情報の報告が重要となります。

■レビューからのアウトプット

報告を受け、トップ自らの考えを行動に落とし込みます。

インプット内容を評価して、５Ｗ１Ｈにて具体的な行動を決めていくことが重要です。

①今の活動は成果につながっているか？

②情報セキュリティに割いている資産等はこのまま継続できる

マネジメントレビューのインプットとアウトプット

トップ

インプット

- 前回までのマネジメントレビューの結果、取った処置の状況
- ISMSに関連する外部及び内部の課題の変化
- ISMSに関連する利害関係者のニーズ及び期待の変化
- 次に示す傾向を含めた情報セキュリティパフォーマンスに関するフィードバック
  - 不適合及び是正処置
  - 監視及び測定の結果
  - 監査結果
  - 情報セキュリティの目的達成
- 利害関係者からのフィードバック
- リスクアセスメントの結果及びリスク対応計画の状況
- 継続的改善の機会

アウトプット

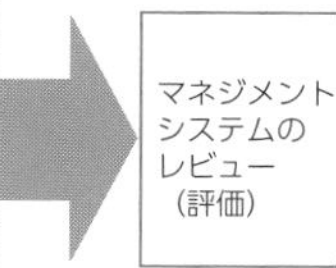

具体的活動

か？

③ヒトやモノは問題なく足りているか？

④目的、目標を変更しなくてよいか？

⑤ムダに動いていないか？

⑥会社の方向性にあっているか？

■旧規格との違い

大きな違いはありません。ただし、今回の審査では、トップへのインタビューが増えそうです。この内容を議事録にまとめておくと審査でも実際の活動でも効果的に使えそうです。

24

10 改善

10.1 継続的改善

■解釈のポイント

改善のチャンスをはっきりさせ、それに対して取り組むことを求めています。

■改善のチャンスに取り組むための3つの事項

改善のチャンスに取り組むために、規格要求事項(a)(b)(c)の次の内容を含むように決められています。

(a)とは、製品及びサービスを良くすること

(b)とは、悪いこと、起きてほしくないことなどをなくしたり減らしたりすること

(c)とは、もっと成果を出すためにできること

難しく捉えるのではなく、組織を良くするにはどうしたらよいか？　ということを考えていれば大きく外れることはないでしょう。

■旧規格との違い

大きな違いはありません。

第**3**章

ISO／IEC27001:2022の要求事項と附属書Aの解説

25 10.2 不適合及び是正処置

■解釈のポイント

不適合とは、「要求事項を満たしていないこと」と定義されており、ＩＳＭＳの要求事項に対する組織の実践や運用が適切でない場合に発生します。

例えば、リスクアセスメントが不完全であったり、リスク対応が適切でなかったり、リスクの監視やレビューが行われていなかったりする場合です。不適合を特定するためには、定期的な監査や経営陣によるチェックが必要です。

■不適合が発生したら？

不適合が発生したら、まずは状況を修正する必要があります。

特に問題が大きい場合は、応急処置も必要でしょう。ステップは、左ページの図のようになります。

①不適合の特定

不適合が発生していることが判明した場合、具体的な不適合事項を特定し、関連する情報セキュリティリスクを分析します。また、影響範囲やその原因を調査します。

②応急処置

発生した不適合を適合状態に戻すための処置を講じます。

③原因の特定

「なぜそんな不適合が起こったのか？」という原因を特定し、原因自体をなくしていく、再発防止の活動を行います。

不適合発生時のステップ

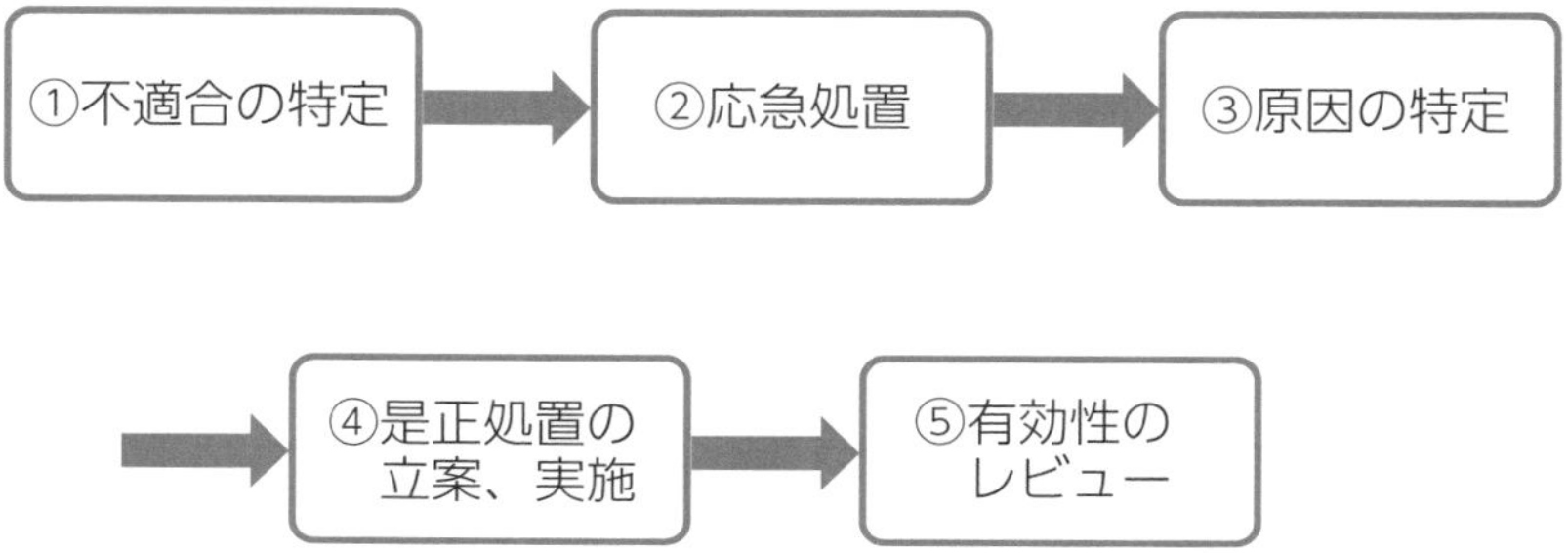

①不適合の特定 → ②応急処置 → ③原因の特定 → ④是正処置の立案、実施 → ⑤有効性のレビュー

④是正処置の立案、実施

是正処置を立案します。是正処置は、不適合の再発防止を目的とし、リスクの軽減や情報セキュリティポリシーの見直しなどが含まれます。

是正処置を実行し、その効果を検証します。効果が確認できた場合は、是正処置を定着化し、不適合が解消されたと判断します。

⑤有効性のレビュー

是正処置の完了後も、定期的なチェックとフォローアップを行い、再発防止に取り組みます。

■不適合事象の評価と見直し

マネジメントレビューにおいて、不適合事象やその対応について評価・見直しを実施し、経営陣に報告します。必要に応じて、組織の情報セキュリティマネジメントシステム全体を見直します。

■旧規格との違い

予防処置が計画段階に含まれなくなりました。

是正処置は単に行えばよいというのではなく、これにより同じような不適合が起こらないのか（起こっていないのか）を評価することも必要です。根本となる原因を取り除くことです。

また、全ての不適合に対して是正処置を行っていくのではなく、優先度の高いものに絞って行いたいところです。

26 管理策とは

■附属書Aについて

ＩＳＯ２７００１では、マネジメントシステムとして、ＰＤＣＡサイクルを回していく本文４項～10項以外に、附属書Ａという文書があります。

附属書Ａは、考えられる情報セキュリティ管理策のリストです。この規格の利用者は、必要な情報セキュリティ管理策の見落としがないことを確実にするために、附属書Ａを参照することが求められています。

つまり、情報セキュリティを守るために、作るべきルールをリスト化してくれたものです。

■管理策とは

附属書Ａに記載されている各項目が管理策と呼ばれています。管理策は情報セキュリティ上のリスクを低減するためのガイドラインのことです。附属書Ａには、情報セキュリティ上のリスクを低減する管理目的と、それを達成するための管理策しか記載されていません。従って、実際にどう運用していけばよいのかが非常にわかりにくいです。そこで、実施の手引きと関連情報が記載されている、ＩＳＯ２７００２を参考資料として活用するのがよいです。

また、この管理策は、組織のリスクアセスメントの結果に基づいて、「実施すべきもの」と「実施しなくてよいもの」に分類することができます。全て対応しなければならな

「認証パートナー」ってどんなサービス？

こんなサービス！

【サービス内容】

①認証取得サポート

②運用・更新サポート

対応規格：ISO27001（ISMS）／Pマーク／ISO9001／ISO14001

【サービスの特徴】

・月々たった**4万円**

・認証取得に関わる**面倒な作業や準備**をお手伝いします

・認証取得後、**運用における面倒な作業を全て**請け負います

・取得や更新のための**準備や勉強は必要ありません**

・担当者の方は**通常業務に集中していただけます**

こんな会社！

【サービスコンセプト】

＝ 御社の ISO / Pマーク / ISMS の社内工数を限りなくゼロに近付け、
担当者の方が本業に集中できます！

【会社の特徴】

・**支援実績数No.1**のリーディングカンパニー

・**5年連続140%増収増益**の成長企業！

・コンサルタントが**100名以上**、従業員約200名

・お客様が**毎月約40社**増加中！

・**創業24年** 業界の老舗会社

・2023年11月現在で**3,270社**のお客様をサポート中！

2023年3月期指定領域における市場調査
調査機関：日本マーケティングリサーチ機構

月々たった4万円でISO運用・改訂作業まで全て請負います！

サービス名

ISO27001（ISMS）運用更新サポート

こんな方にオススメ

- ISO27001（ISMS）で決めたルールが形骸化している
- ISO27001（ISMS）担当者に負担が集中している
- 担当者退職で引継ぎが課題

読者限定 無料プレゼント！

ISO27001管理策 新旧対応表

お申し込み

貴社名			
電話番号		フリガナ / お名前	様
メールアドレス			
お申込内容	❏無料プレゼント資料『管理策 新旧対応表』を送ってほしい ❏今の運用方法に疑問・不安があり、一度相談してみたい ❏サービス内容を詳しく聞いてみたい・見積りが欲しい		

お申し込みは、以上の欄にご記入のうえ、下記までお願いいたします。

FAX **06-4400-8883**

お問い合わせ

TEL☎ 0120-068-268

認証パートナー

※上記の個人情報は、当社からのご案内の目的のみに使用し、関係者内で厳重に取り扱いをいたします。

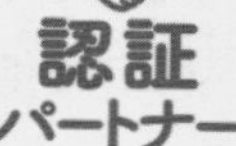

ご利用頂いているお客様の声

『負担少なく取得できました！』

「準備するものも非常に多く地道な作業も多いのですが、認証パートナーさんの献身的なサポートのおかげで、負担少なく取得までたどり着けました。必要な書類も作成してくれて本当に助かりました。」

東京都新宿区　情報通信業　R社様

『予算の半額以下で認証取得できました！』

「月々4万円、年間48万円でお手伝いしてもらえるということで、お願いしました。審査費用まで交渉してくれて、考えていた予算の半額以下で認証取得できました！」

愛知県名古屋市　人材派遣業　T社様

『新規格への移行がスムーズでした』

「ISO27001の規格改訂にあたり分からないことだらけでしたが、対応のポイントを教えていただけたので、自分で調べたり勉強する必要がなくスムーズに対応できました。」

大阪府大阪市　ITシステム業　S社様

『更新前のバタバタが解消されました』

「通常業務が忙しい中、ISO27001の更新作業もしていたので、一人の担当者に大きな負担がかかっていましたが、認証パートナーさんに手伝ってもらえるようになって大変助かっています。」

神奈川県横浜市　金融業K社様

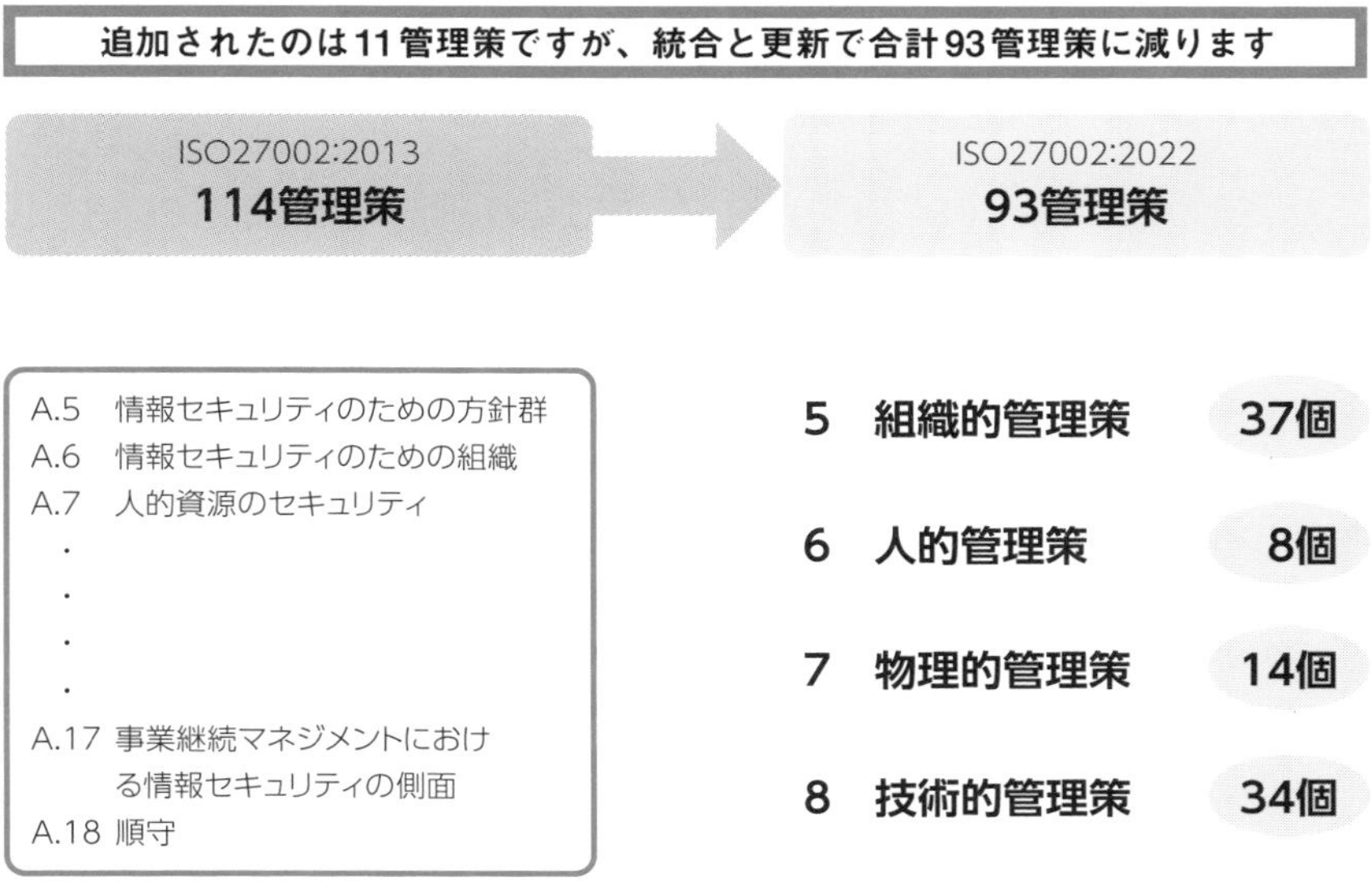

追加されたのは11管理策ですが、統合と更新で合計93管理策に減ります

ISO27002:2013
114管理策

→

ISO27002:2022
93管理策

A.5　情報セキュリティのための方針群
A.6　情報セキュリティのための組織
A.7　人的資源のセキュリティ
・
・
・
・
A.17 事業継続マネジメントにおける情報セキュリティの側面
A.18 順守

5	組織的管理策	37個
6	人的管理策	8個
7	物理的管理策	14個
8	技術的管理策	34個

いものではないということです。

■旧規格との変化点

２０１３年規格では１１４項目の管理策がありましたが、２０２２年版に移行するにあたり「組織的管理策」「人的管理策」「物理的管理策」「技術的管理策」の４つに分類、再編され93項目に変更されました。数は減ったように見えますが、実際には２０１３年版の内容で削除された要素はありません。93項目のうち11の管理策は新設されたものになります。

本書ではＪＩＳ規格ではなく、ＩＳＯ２７００２を直訳した文書の内容から、要求される管理策についての解説をしていきます。

27 5 組織的管理策

■5.1 情報セキュリティのための方針群

・解釈のポイント

情報セキュリティのための方針群とは、組織が情報セキュリティを確保するために設定するルールや指針を示します。本文5.2項で作成した情報セキュリティ方針（名称は標準、指令、方針、ポリシー等各組織で定めたもので問題ありません）を文書として管理を行い、社内掲示やホームページへの掲載を行うことで利害関係者に伝達することを要求しています。また、それ以外に定めた各種方針（資産管理、アクセス制御、バックアップ、委託先管理など）を含めて、定期的及び大きな変化（社長交代、吸収合併など）があった場合にレビューする機会を持つ必要があります。

■5.2 情報セキュリティの役割と責任

・解釈のポイント

情報セキュリティの役割と責任には、組織内で情報セキュリティを確保するために必要な様々な役割が含まれます。本文5.3項でも定めている通り、運用の責任者や監査の責任者、教育、システム管理等の担当者など組織によって必要な役割を定める必要があります。本文5.3項について定めた文書を参照するように規定してもよいです。

■5.3 職務の分離

・解釈のポイント

情報セキュリティリスクを最小

限に抑えるために権限や責任を適切に配分し、一部の従業員が不適切なアクセスや管理権限を持たないように職務を分離する必要があります。例えば、システム管理者とデータ管理者の役割を別々の従業員が担当することで、お互いの行動を監視し、権限の不正使用を阻止することがそれにあたります。

■5.4 経営陣の責任

・解釈のポイント

経営陣の責任は、組織の情報セキュリティポリシーの策定や、リスクアセスメントの実施、そして組織全体に対する情報セキュリティ意識の向上が含まれます。これにより、経営陣は組織の情報セキュリティの確保に対する責任を果たすことが求められます。

■5.5 関係当局との連絡

・解釈のポイント

関係当局との連絡は、組織が、法令や規制の順守を確保するため、関係する業界団体、規制機関、監督機関、法執行機関と適切な連絡と協力を維持する必要があります。その他、施設管理者、グループ企業、審査機関なども該当してきます。それら組織等の連絡先を確認しておくことで、インシデントの発生など必要な場合に連絡ができる体制を整備することが求められています。

■5.6 専門組織との連絡

・解釈のポイント

専門組織との連絡は、組織が情報セキュリティに関する専門的な知識を持つ外部組織や専門家と連携し、情報セキュリティに関する最新の情報やノウハウを共有し、セキュリティ対策を改善するために行われます。組織が他の専門組織や関係者と積極的に連絡を取り合うことで、情報セキュリティインシデントへの対応や知識の共有、リスク管理、法規制への遵守などを行います。ＩＰＡやＪＰＣＥＲＴ、個人情報保護委員会などの組織を入れることが一般的です。

■5.7 脅威インテリジェンス

・新設

・解釈のポイント

脅威インテリジェンスとは、企業や組織が情報セキュリティ上のリスクを把握し、対策を講じるために脅威情報や脆弱性情報を収集、分析、共有することをいいます。外部情報（インターネット上の攻撃情報、セキュリティ情報やアラートなど）や内部情報（インシデントログ、システムの脆弱性情報など）を分析し、組織が利用する情報システムやアプリケーションに対して潜在的な脅威を特定していく必要があります。脅威インテリジェンスを作成することにより、セキュリティリスクの特定と優先順位付けを行うことができ、効果的なセキュリティ対策を選択することができます。

■5.8 プロジェクトマネジメントにおける情報セキュリティ

・解釈のポイント

プロジェクトマネジメントにおける情報セキュリティは、プロジェクト進行中の情報資産を保護し、リスクを最小限に抑えるために必要なものです。プロジェクトを作る場合に考慮すべき、情報漏洩やセキュリティインシデントを防ぐ対策について検討する必要があります。

■5.9 情報及びその他の関連資産の目録

・解釈のポイント

情報資産の目録として、組織が保有するデータ、情報システム、ハードウェア、ソフトウェアなどの重要な情報資産を一覧にして、それらの所有者、設置場所、重要度などを明確にすることで、リスクを評価し、適切なセキュリティ対策を実施する必要があります。

■5.10 情報及びその他の関連資産の許容される利用

・解釈のポイント

作成した情報資産の目録を用いて、企業内で取り扱う情報資産の利用範囲や方法を明確化し、適切

5.7 脅威インテリジェンスとは？⇒脅威の防止や検知に利用できる情報

やらなければいけないこと!!

- 情報セキュリティの脅威に関する情報の収集・分析
- 組織の情報セキュリティリスクの管理プロセスに組み込むこと

な情報の保護の実施とリスク管理を行い、インシデントやアクシデントを防ぐ必要があります。

■5.11 資産の返却

・解釈のポイント

作成した情報資産の目録を管理するために、許容される範囲に基づいて、従業員や関係者は情報資産を正しく、適切に利用することが求められます。従業員や関係者が組織から退職や異動、または契約が終了する時に、保有していた情報資産を返却することが必要です。また、返却する際には、資産の状態確認、必要に応じたデータ削除なども行ってください。

■5.12 情報の分類

・解釈のポイント

企業の情報資産を機密性、完全性、可用性を基に情報資産の重要度などから分類することが必要です。これらの結果から、適切な保護措置を講じてください。

■5.13 情報のラベル付け

・解釈のポイント

情報のラベル付けとは、重要度や機密性を示すラベルを付与することで、誰でも適切な取り扱い方法がわかるようにすることです。適切な情報のラベリングが行われることで、情報セキュリティが向上し、企業全体のリスク管理が強化されることにつながります。

■5.14 情報の転送

・解釈のポイント

情報の転送とは、組織内外に情報やデータを移動・共有することを指します。どのような手段（メール、チャット、クラウドサービス、物理的媒体での郵送等）で送付をするのか、暗号化する必要があるのか等、データの流出や不正アクセスから保護する必要があります。

■5.15 アクセス制御

・解釈のポイント

アクセス制御では、情報システムや関連する情報資産に対する不正なアクセスや改ざんを防止するための管理方法を定める必要があります。

■5.16 識別情報の管理

・解釈のポイント

識別情報の管理では、各ユーザーやシステムの識別子や権限が、そのライフサイクル全体で適切に管理・監視されることが重要です。組織で利用しているアカウントの作成・変更・削除などを管理していく必要があります。

■5.17 認証情報

・解釈のポイント

認証情報の管理では、認証情報の割り当て、利用者の責任、パスワード条件、パスワード管理システムそれぞれのルールを管理する必要があります。

■5.18 アクセス権

・解釈のポイント

アクセス権の管理では、アカウント作成、権限付与、定期的な権限確認、変更、及び削除について手順を作成する必要があります。特に雇用の変更、または終了前の管理が大切です。

■5.19 供給者関係における情報セキュリティ

・解釈のポイント

外部の供給者（委託先）の使用に伴う情報セキュリティリスクを管理するために、手順を作成し、リスク評価や監視を通じて外部委託先を管理する必要があります。

■5.20 供給者との合意における情報セキュリティの取扱い

・解釈のポイント

外部の供給者（委託先）と組織の要求する情報セキュリティに関する条項を含む書面（データでも可）の取り交わしを行う必要があります。

■5.21 ICTサプライチェーンにおける情報セキュリティの管理

・解釈のポイント

ＩＣＴ製品やサービスのサプライチェーンに関して、選定時の手順など情報セキュリティにおける管理をする必要があります。

■5.22 供給者のサービス提供の監視、レビュー及び変更管理

・解釈のポイント

外部の供給者（委託先）を監視するために、変更点の確認や定期的な評価を行う必要があります。

■5.23 クラウドサービスの利用における情報セキュリティ

・新設

・解釈のポイント

クラウドサービスに関して、選定時の手順など情報セキュリティにおける管理をする必要があります。

5.20にあるような合意を取り交わすことが難しい場合には利用規約などを見て評価してください。

■5.24 情報セキュリティインシデント管理の計画及び準備

・解釈のポイント

情報セキュリティインシデント発生時に迅速かつ効果的な対応ができるよう、役割や責任を決め、緊急連絡網などの対応手順を整備しておく必要があります。

■5.25 情報セキュリティ事象の評価及び決定

・解釈のポイント

情報セキュリティ事象を適切に評価することで、潜在的なインシデントを特定し、適切な対応措置を計画する必要があります。情報セキュリティ事象に対して、インシデントとして扱うか否かの基準を決めてください。

■5.26 情報セキュリティインシデントへの対応

・解釈のポイント

情報セキュリティインシデントへの対応手順を作成する必要があ

5.23　クラウドサービスの普及に対応するために新設

やらなければいけないこと!!

- 組織がクラウドサービスを利用する時のセキュリティ対策を決める
- クラウドサービスの提供は対象外

ります。

■5.27 情報セキュリティインシデントからの学習

・解釈のポイント

情報セキュリティインシデントから学んだ知見を保持しておくことで、再発防止のために周知、教育するなど、今後の管理策の強化や改善に活用する必要があります。

■5.28 証拠の収集

・解釈のポイント

情報セキュリティ事象に関連する証拠となり得る情報の特定、収集、取得及び保管する手順やそれらの管理方法を策定する必要があります。

■5.29 事業の中断・阻害時の情報セキュリティ

・解釈のポイント

事業の中断・障害時に情報セキュリティを維持するための計画、実施、レビューを行う必要があります。

■5.30 事業継続のためのＩＣＴの備え

・新設

・解釈のポイント

事業継続の活動に関して、ＩＣＴ継続についての対応手順、試験の実施、評価を実施する必要があります。

5.30　災害やサイバー攻撃などICTに関わる事業継続の活動をする備えが必要

やらなければいけないこと!!

- 災害等が発生しても情報の可用性を確保すること
- ビジネス継続のためのICTの備えをすること

■5.31　法令、規制及び契約上の要求事項

・**解釈のポイント**

業務に関連する法令、規制、契約要求を特定・文書化し管理する必要があります。

■5.32　知的財産権

・**解釈のポイント**

知的財産権及び権利関係のある製品の利用（ライセンス等）について、法令や規則、契約上の要求事項を順守できているか管理する必要があります。

■5.33　記録の保護

・**解釈のポイント**

記録を保護するための手順を作成する必要があります。

■5.34　プライバシー及び個人を特定できる情報の保護

・**解釈のポイント**

個人情報保護に関する手順を整備する必要があります。個人情報保護法を順守してください。

■5.35　情報セキュリティの独立したレビュー

・**解釈のポイント**

各プロセスに対するレビュー（全体ではマネジメントレビュー）などを定期的に実施する必要があります。

■5.36　情報セキュリティのための方針群、規則及び標準の順守

・**解釈のポイント**

情報セキュリティ方針をはじめ、各方針に対する定期的なレビューを行う必要があります。マネジメントレビューで問題ありません。

■5.37　操作手順書

・**解釈のポイント**

各社内システムに対する情報処理手順や設備操作を制定し管理する手順を作成する必要があります。

28 6 人的管理策

■6.1 選考

・解釈のポイント

従業員及び契約社員、業務委託者等、組織の業務に従事する候補者の経歴確認を行い、法令・規制・倫理に従い、組織加入前に選考する必要があります。

■6.2 雇用条件

・解釈のポイント

雇用契約書等において、情報セキュリティに関わる要員（従業員及び契約社員、業務委託者等、組織の業務に従事する者）の責任と組織の責任を明記し、ルールや順守事項を理解してもらうように書面（データ可）を取り交わす必要があります。

■6.3 情報セキュリティの意識向上、教育及び訓練

・解釈のポイント

組織の要員（従業員及び契約社員、業務委託者等、組織の業務に従事する者）に対して、情報セキュリティ方針や社内規程・手順に関連する教育と訓練を受けるようにする必要があります。

■6.4 懲戒手続

・解釈のポイント

情報セキュリティ違反者への正式な懲戒手続きを設け、周知させることで、違反行為への対処が効果的に行われるようにする必要があります。就業規則の懲戒事項などを活用してください。

■6.5 雇用の終了または変更後の責任

・解釈のポイント

雇用終了後も情報セキュリティに対する責任が有効であることを、要員に伝達する必要があります。

■6.6 秘密保持契約または守秘義務契約

・解釈のポイント

秘密保持契約を明確化し、要員と関係者に承認させて書面（データ可）を締結する必要があります。

■6.7 リモートワーク

・解釈のポイント

構外（事務所以外）での情報保護について、適切なアクセス制御やセキュリティ対策を実施する手順を作成する必要があります。

■6.8 情報セキュリティ事象の報告

・解釈のポイント

従業員へ情報セキュリティ事象（疑わしいものを含む）の迅速な報告を促す適切な連絡手順を作成する必要があります。所謂ヒヤリハット情報を蓄積し、情報セキュリティインシデント発生の予防的な活動としてください。

29
7 物理的管理策

■7.1 物理的セキュリティ境界

・**解釈のポイント**

セキュリティエリアなどの物理的セキュリティ境界を設定し、管理する必要があります。

レイアウト図などで明確にしておくと良いです。

■7.2 物理的入退

・**解釈のポイント**

セキュリティ対策として、適切な入退管理とセキュリティエリアに保護領域を確保し、不正な侵入を防ぐ必要があります。従業者だけでなく来訪者の入退記録も管理してください。

■7.3 オフィス、部屋及び施設のセキュリティ

・**解釈のポイント**

パーテーションの設置、施錠棚の配置など物理的セキュリティを適切に設計・実施し、オフィスや施設を不正アクセスから保護する必要があります。

■7.4 物理的セキュリティの監視

・新設

・**解釈のポイント**

施設内は不正な物理アクセスを防ぐため、監視カメラ、入退室ログ、その他ログ監視ツール等を用いて常時監視する必要があります。

■7.5 物理的及び環境的脅威からの保護

・**解釈のポイント**

自然災害やインフラへの脅威に

7.4　物理的な監視を強化するため

やらなければいけないこと!!

● センサー、カメラ等の監視装置の管理をすること

対し、適切な保護策を設計・実施して、物理的・環境的リスクを緩和する必要があります。施設の立地や消火、電源など必要な設備を検討してください。

■7.6　セキュリティを保つべき領域での作業

・解釈のポイント

作業エリアのセキュリティ確保、ポリシーやガイドラインの設計、従業員への研修など、適切な対策を実施する必要があります。

■7.7　クリアデスク・クリアスクリーン

・解釈のポイント

クリアデスクとクリアスクリーンに関して手順を作成する必要があります。

■7.8　装置の設置及び保護

・解釈のポイント

装置は、サーバラックへの保管など適切なセキュリティ対策を施し、安全な状態で設置・保護する必要があります。

■7.9　構外にある資産のセキュリティ

・解釈のポイント

構外にある資産（モバイル端末等）は、盗難や損傷から適切に保護する手順を作成する必要があります。

持ち出しを行う情報資産に対して必要な管理手順を定めてくださ

い。

■7.10 記憶媒体

・解釈のポイント

ストレージメディア＝取り外し可能な媒体の管理、処分、輸送に関する手順を作成する必要があります。

■7.11 サポートユーティリティ

・解釈のポイント

情報処理機器は、停電や故障等のサポート施設（ビル）の管理などを行う必要があります。

■7.12 ケーブル配線のセキュリティ

・解釈のポイント

通信・電源ケーブルは、盗聴や干渉、損傷から保護することで、データの安全性と情報サービスの継続性が確保される必要があります。

■7.13 装置の保守

・解釈のポイント

装置の保守は、機密性、完全性、可用性維持のために実施する必要があります。

■7.14 装置のセキュリティを保った処分または再利用

・解釈のポイント

装置の処分前にデータやソフトウェアを安全に消去し、上書きを検証することで情報漏洩を防ぐ必要があります。また、外部に処分を依頼する場合には廃棄証明を取得するなど必要な検証を行ってください。

30

8 技術的管理策

■8.1 利用者エンドポイント機器

・解釈のポイント

利用者エンドポイント機器＝従業員が使用するＰＣやスマホなどの機器に関する方針を定め、適切に管理する手順を作成する必要があります。

■8.2 特権的アクセス権

・解釈のポイント

管理者権限等の特権的アクセス権の付与と使用は、認可プロセスを設けるなど通常のアクセス権の管理よりも厳しく制限し、適切な管理を行う必要があります。

■8.3 情報へのアクセス制限

・解釈のポイント

情報資産のアクセス制限は、所属部署などに基づいて権限付与を行うなどの方針に従い、運用、監視のプロセスを用いて適切に制限し、情報の安全性を確保する必要があります。

■8.4 ソースコードへのアクセス

・解釈のポイント

ソースコードや開発ツールなどは責任者だけが利用できるようアクセス制限するなどし、権限に応じて運用、監視のプロセスを用いて適切に管理する必要があります。

■8.5 セキュリティを保った認証

・解釈のポイント

パスワードや生体認証などの認

8.9　システム全体の構成管理をするため

やらなければいけないこと!!

- 新しくシステムを導入した時にセキュリティを設定すること
- ベンダー推奨設定、標準テンプレートの使用をすること
- 構成の管理、監視をすること

証技術を、アクセス制御方針に基づいて実施し、セキュリティを確保する必要があります。

■8.6　容量・能力の管理

・解釈のポイント

サーバ等や人的資源、オフィスなどのリソース使用状況を監視し適切に調整し、現在だけでなく、未来の要求に対応できるようシステムなどを維持する必要があります。

■8.7　マルウェアに対する保護

・解釈のポイント

マルウェア対策は利用者に適切な知識を与え、リスクを認識させることで、情報システムのセキュリティを向上させる必要があります。

■8.8　技術的脆弱性の管理

・解釈のポイント

技術的脆弱性の情報を収集し、組織の情報資産に対してリスク評価を行い、必要があれば適切な対策を実施・監視する必要があります。

■8.9　構成管理

・新設

・解釈のポイント

適切なセキュリティ環境を構築するために、各情報資産の設定を

8.10　情報は不要になったら削除する

やらなければいけないこと!!

- 削除の方法を決めておくこと
- 必要に応じて削除記録を残すこと

8.11　データマスキング

やらなければいけないこと!!

- データマスキングの手順を作ること
  仮名加工情報、匿名加工情報など

確立し、文書化し、実施・監視・レビューすることで、システムとネットワークの安全性を維持し、セキュリティレベルを向上させる必要があります。各ネットワークやシステム構成図を作成してください。

■8.10　情報の削除

・新設

・解釈のポイント

情報システムや機器から不要な情報は、プライバシー保護や法令遵守のため、保管期間を定め適切な時点で削除する必要があります。

■8.11　データマスキング

・新設

・解釈のポイント

データマスキングは、仮名化や匿名化を行う場合には法律や組織のアクセス制御方針に基づき、情報の機密性保護や業務要件を満たすために実施する必要があります。

■8.12　データ漏洩防止

・新設

・解釈のポイント

暗号化や監視などデータ漏洩の対策は、重要性の高い情報資産を取り扱うシステム、ネットワーク、デバイスに適用し、情報の安全性

8.12　情報漏洩を検知するため

やらなければいけないこと!!

- 利用者のデータ利用を監視すること
  データ漏洩防止ツールの利用検討も含む
- データ漏洩の検知
  情報資産を許可していない外部サービス等にアップロードされたなど

を確保する必要があります。

■8.13 情報のバックアップ

・解釈のポイント

バックアップは、決められた方針に基づき、情報やソフトウェア、システムのコピーを作成し、維持し、定期的に確認して問題なく復元できるか検証する必要があります。

■8.14 情報処理施設・設備の冗長性

・解釈のポイント

サーバなどの情報処理施設は冗長性を確保しダウンタイムを最小限に抑えるため、適切なバックアップや重複した構成要素を導入し、可用性を維持する必要があります。

■8.15 ログ取得

・解釈のポイント

組織で必要とされるログを収集・保管・保護し、分析することで、不正アクセスや問題の追跡、解決をする必要があります。

■8.16 監視活動

・新設

・解釈のポイント

情報セキュリティ事象を監視し異常検知を行い、それを評価し対策を講ずることで、情報セキュリティインシデントのリスクを低減し、安全性を向上させる必要があ

8.16　技術的な監視を強化するため

やらなければいけないこと!!

- ネットワーク、システム、アプリケーションの監視
- ユーザーのアクセス、異常なシステム上の行動の監視

ります。

■8.17　クロックの同期

・解釈のポイント

組織の情報処理システムは、信頼性のある時刻源と同期して、正確な日時情報を維持し、データやログの整合性を保つ必要があります。

■8.18　特権的なユーティリティプログラムの使用

・解釈のポイント

ウイルス対策や診断ツールなどの制御を無効化できるユーティリティプログラムの使用は、リスクを最小限にするために、利用者の限定など厳格な管理が必要です。

■8.19　運用システムへのソフトウェアの導入

・解釈のポイント

ソフトウェア導入時に、システムのセキュリティを保つために安全性を確認する必要があります。

■8.20　ネットワークセキュリティ

・解釈のポイント

ネットワークセキュリティを確保するため、ファイヤーウォールの設置や構成を分離させるなどデバイス管理やアクセス制御を適切に実施する必要があります。

■8.21　ネットワークサービスのセキュリティ

8.23　不正なウェブサイトへのアクセスを防止するため

やらなければいけないこと!!

- 不法な情報、マルウェアを含むウェブサイト、フィッシングサイトへのアクセスを防ぐこと
- IPアドレスやドメインで外部攻撃をブロックすること

・解釈のポイント

ネットワークサービスは、それぞれのサービスに必要なセキュリティ対策を特定し、実装することで安全性を確保する必要があります。

■8.22　ネットワークの分離

・解釈のポイント

ネットワークは、業務内容のセキュリティレベルごとにアクセスポイントを分けるなど、適切なアクセス制限を設けることで、セキュリティリスク低減と効率的な管理をする必要があります。

■8.23　ウェブフィルタリング

・新設

・解釈のポイント

ウェブアクセス管理は、従業員のインターネット利用を制限・監視し、悪意あるコンテンツへのアクセスを防ぐ必要があります。

■8.24　暗号の利用

・解釈のポイント

暗号の利用ルールは、鍵管理や暗号化方式の選択が含まれ、組織に適切なセキュリティ確保をする必要があります。

■8.25　セキュリティに配慮した開発のライフサイクル

・解釈のポイント

ソフトウェアとシステム開発に

8.28　開発の段階からセキュリティ強化に配慮するため

やらなければいけないこと!!

- コーディング前にセキュリティに配慮した計画を立てること
- セキュリティに配慮したコーディングの原則をソフトウェア開発に適用すること

関するルールを確立し、適用するには、開発プロセスの品質とセキュリティを向上させる必要があります。

■8.26　アプリケーションのセキュリティ要求事項

・解釈のポイント

アプリケーション開発・入手時に関するルールを確立し、セキュリティリスクを低減し、システム全体の保護を向上させる必要があります。

■8.27　セキュリティに配慮したシステムアーキテクチャ及びシステム構築の原則

・解釈のポイント

システム開発に関する方針を作成し、情報システム開発全体に適用することで安全なシステム構築が可能となり、情報漏洩や不正アクセスのリスクを軽減させる必要があります。

■8.28　セキュリティに配慮したコーディング

・新設

・解釈のポイント

プログラムの安全性を高めるため、セキュリティに配慮したコードを作成する手順を作成し開発を行う必要があります。

■8.29　開発及び受入れにおけるセキュリティ試験

・解釈のポイント

情報システムのアップグレード

などを受け入れる際には、あらかじめ定めた適切なテストを実施し、効果的な監視や結果の評価を開発及び受け入れにおいて実施する必要があります。

■8.30 外部委託による開発

・解釈のポイント

外部へ委託した開発活動は適切な監督、監視、レビューを行うことが必要です。

■8.31 開発環境、テスト環境及び本番環境の分離

・解釈のポイント

開発環境、テスト環境、本番環境は互いに分離することで、環境ごとのセキュリティ要件やリスクを独立させる必要があります。

■8.32 変更管理

・解釈のポイント

システムの入れ替えなどを行う際には変更管理手順に従って計画的に実施し、変更に伴うリスクを低減させる必要があります。

■8.33 試験情報

・解釈のポイント

試験情報は、個人を特定できない情報を利用するなど適切なデータを選択し、セキュリティ対策を実施し、管理方法を設定する必要があります。

■8.34 監査におけるテスト中の情報システムの保護

・解釈のポイント

運用システムの監査試験や保証活動を行う際には、計画を立て、試験者と管理層の合意をもって実施する必要があります。

第4章

手間とコストをかけずに認証・運用する6つのポイント

1 認証取得までに行う手続きのポイント

ＩＳＯ２７００１（ＩＳＭＳ）を認証取得するためには、大きく分けて３つのステップがあります。

■ステップ1　構築

ＩＳＭＳの仕組みを構築するステップです。トップマネジメントが打ち出した情報セキュリティ方針に基づき、ＩＳＭＳを構築するための役割責任を決定し、担当を割り振ります。

割り振られた各担当は情報資産を洗い出し、機密性、完全性、可用性、リスクが起きた際の重大性、リスクの頻度、脆弱性についてリスクアセスメントを行います。

リスクアセスメントの実施後、対策が必要な情報資産については別途リスク対応計画にとりまとめ、改善のための取り組みを実施します。

要求される文書類を作成していき、その際にできていないリスク対策については管理策を新たに策定していくなど対応していきます。

■ステップ2　運用

マニュアルや規程等のルールを作成したら、それに基づいてＩＳＭＳを運用するステップです。

実際に仕組みを稼働させ、情報資産のリスクを特定して優先順位を付け、ＩＴインフラストラクチャ、ハードウェア、ソフトウェア、及びファイルを保護するために技術的及び運用上の管理を実施します。また、従業員に対しては業務上必要なレベルのセキュリティ教育を行い、内部監査を通して運用状況のチェックを行います。

内部監査の結果やその他の問題点（インシデントやクレーム等）はマネジメントレビューでトップマネジメントへ報告し、次の改善のためにPDCAサイクルを回していきましょう。

■ステップ3　申し込み

一通りISMSのPDCAサイクルが回ったら、いよいよ認証機関へ申し込みをして審査を迎えるステップです。申し込みの方法は認証機関によって異なりますが、規程や組織図の提出のほか、認証機関独自の申し込み書類の記入を求められるケースもありますので、詳しくは希望する認証機関へ問い合わせてみましょう。

審査は主に、文書のレビュー、現地オフィスの実態評価、記録の作成状況や是正処置状況の確認をもって、認証機関から認定機関へ結果の報告が行われます。

その後、規格の要件を満たしたと判断された場合、ＩＳＯ２７００１認証完了となります。

ステップ1　構築
情報セキュリティ方針の策定
役割責任・体制の確定
情報資産の特定／リスクアセスメント
リスク対応の決定／規程作成

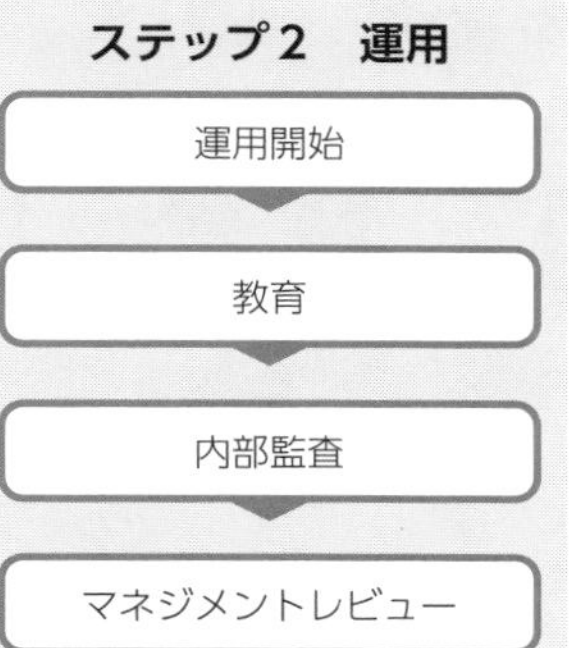

2 情報資産の洗い出し方法及びポイント

■業務の把握から始める

情報資産を特定するために、まず会社で情報資産を取り扱う業務とそうでない業務の判別をつけるとよいでしょう。

どの業務で情報資産の取り扱いが発生しているかを見極めることで、組織として注意が必要な業務が特定できます。

特定した業務については業務のフローをライフサイクルに基づいて洗い出します。

自社でどのような情報資産を取

情報資産（一例）		
ソフトウェア	ハードウェア	サービス
ウイルス対策ソフト等	PC	プロジェクト管理ツール メールやチャットツールなど
	開発サーバ	ソースコードを保管するクラウド等
	テストサーバ	※テスト環境がクラウドの場合はこちらに記載する
	本番サーバ	※本番環境がクラウドの場合はこちらに記載する

業務フローの例

顧客	システム担当者・開発チーム 営業部	システム担当者・開発チーム システム部	外注先	紙（データ）
開発概要の決定				概要情報（社外秘）
	コンペ			コンペ情報（極秘）
契約				契約情報（社外
	契約			契約書（社外秘
	プロジェクト計画			プロジェクト 情報（極秘）
	キックオフ・ミーティング			
	要件定義			要件定義 情報（社外秘）
契約金の見直し				
	契約金の見直し			
		外部設計		設計書（社外秘）
		内部設計 / 移行設計		
		プログラム製造 / 移行プログラム製造		プログラム ソースコード（極秘）
テキスト計画				テスト結果（極秘）
		単体テスト / 移行テスト		
		結合テスト		
		システム・テスト		
利用者受入テスト		← 移行実施		
平行移動				
本稼働				
プロジェクト終了				

り扱っているか把握するために、それぞれの業務の流れに基づいて発生する情報資産を漏れなく特定していきます。

業務のフローの中で特定した情報資産については、内容を確認し情報資産台帳に登録していきます。

■細かくやりすぎない

情報資産台帳は取り扱いライフサイクルが近しいものについては、グルーピングをしてしまってもかまいません。情報資産を洗い出す前にどのレベルで洗い出していくのか、方針を決めておいたほうがよいでしょう。

例えば、採用業務において履歴書と職務経歴書はほぼ同じ取り扱いであり、セットで動いていくことが多いのではないでしょうか。そういった場合は「採用書類」「履歴書類」といった名称でまとめてグルーピングしてしまうのも一つの手法です。

■実施のポイント

洗い出しを実施している間に業務の変更が起こることも多々あるため、ある程度は大きな枠で捉えたほうがいいです。また、情報資産台帳は規格で要求されている項目を基に登録していくのが一般的ですが、把握のしやすさによって項目を追加することもあります。

ただし、途中で変更すると根本からやり直しになるケースもあるため、予算の確保ができる場合はこの情報資産の洗い出しという工程を、はじめから外部のコンサルタントに依頼するのも一つの考え方です。

3 リスク評価・リスク対応計画の概要及びポイント

■リスクアセスメントの具体的な基準は決められていない

リスクアセスメントとは、特定した情報資産のライフサイクルの中で存在するリスクを評価して、どのレベルに達したら許容できないかを決める工程をいいます。

具体的には左ページの表のように、まず一つひとつの情報資産に対し機密性、完全性、可用性を評価します。

続いて想定されるリスクを洗い出し、リスク発生時の重大性を評価します。そして、現在の管理策及び問題点を洗い出し、それらの脆弱性を評価します。基準値を定め、スコアリングを行い、値を上回った情報資産についてはリスク対応を行うような流れになります。

規格ではリスクアセスメントの手法については具体的に決められていません。左ページの表は一般的なリスクアセスメントの表ですが、この形にこだわらなくてもいいです。

■リスク対応計画を定める

リスクを評価し、想定リスクの洗い出しができたら、次はリスク対応計画を定めます。対応が不要なリスク（受容できるリスク）、対応が必要なリスクを分類して考えれば対応すべきリスクが明確になってよいでしょう。

この際にあまり過剰なリスク対応を計画しないのがコツです。過剰な計画を立案すると自分たちの首を絞めることとなり、いつしか

リスクアセスメント表

情報資産名	区分	リスク所有者	保管場所	機密性	完全性	可用性	合計①	想定リスク	重大性②	管理策の現状と問題点	脆弱性③	スコア①×②×③
顧客情報	データ	営業部	サーバ	3	3	2	8	誤廃棄 紛失 漏洩 信用の失墜	3	バックアップ アクセス権限 PW設定	1	24
契約関係資料	書類	法務部長	保管庫	2	2	3	7	漏洩 紛失 誤廃棄 滅失	2	鍵の保有者の限定 来訪者管理	1	14
ソースコード	データ	開発担当	サーバ	3	3	3	9	漏洩 誤消去 滅失	3	バックアップ アクセス権限 PW設定	1	27
ノートPC	ハード	各個人	ロッカー	2	2	1	5	紛失 漏洩 滅失 盗難 災害	2	来訪者管理 アクセス権限 PW設定	2	20

リスク対応計画

制定日：2023年4月1日
更新日：2023年6月1日

インプット	リスク対応実施内容	部門	対応時期	判断基準	実施状況	有効性評価	リスク所有者承認
2022年マネジメントレビュー事項	脆弱性診断の受診	システム部	2023年4月27日	リスクアセスメント表のスコアとの差10以内	■計画通り □計画変更 □未実施	スコア後10を超えるリスクを要する情報資産はなかったため有効	システム部長
顧客監査指摘	個人事業主へのセキュリティ試験	教育管理課	2023年5月31日	正答率9割以上	■計画通り □計画変更 □未実施	全ての個人事業主がテストの正答率9割を超えたため有効	教育管理課長
情報資産リスクアセスメント表 “ノートPC” “携帯電話”	MDMツールの導入	総務部	2023年11月30日	導入が完了し問題なく機能しているか	□計画通り □計画変更 □未実施		
関連法規制一覧表 “電子帳簿保存法”	請求書管理システムの導入	財務部	2023年4月1日	試験期間3か月以内の社内クレーム3件以下	□計画通り ■計画変更 □未実施	営業部1件、総務部1件、秘書課3件のクレームがあったため再選定	財務部長

その取り組みも形骸化するものです。自分たちの規模に合わせたリスク対応を計画、実行することが大切です。

情報資産の特定とリスクアセスメント、そしてリスク対応計画の過程はＩＳＯ２７００１審査の中でも重要度が高く、肝となってくる部分です。

自信がない場合は、コンサルタントへ相談してみるのも一つの手段です。

4 文書作成方法及びポイント

■ＩＳＭＳ文書を作成するためのステップ

ステップ1　方針を決める

適切なＩＳＭＳ文書を作成するうえで、最初のステップが情報セキュリティ方針の決定です。

情報セキュリティ方針は、組織がＩＳＭＳのフレームワークを構築するうえで不可欠な指針です。

組織の情報資産を保護するために、所属する従業員がどのような行動をすべきか、方針を定める必要があります。

ステップ2　適用範囲を定める

方針が定まれば、次は組織におけるＩＳＭＳを適用する範囲を定め、文書を作成します。

業務の範囲、組織単位、サービス、製品、資産、人員、場所を踏まえ、ＩＳＭＳがカバーする領域を定義しましょう。

部署や拠点を絞って定めることも可能ですので、組織や事業の規模に合わせてＩＳＭＳを機能させたい範囲を検討し決定することが重要です。

ステップ3　手順の策定

手順は、方針と適用範囲、そして組織の内外で求められるセキュリティ基準を満たしながら業務が実行できるように定めます。

手順を定めるべき対象としては、業務上の技術的指示（開発業務等）、システム等の操作手順、機密情報の取り扱いルールなどが挙げられます。

そのほか、アクセス制御、暗号化、パスワード、侵入テスト、ウイルス対策、ログ監視、物理的手段も含まれるので、組織が既に取り組んでいる対策を参照し、手順に落とし込みましょう。

また、インシデント発生時の手順文書化においては、まず組織における〝インシデント〟の定義を決め、それらがどのように発生するかを理解することで、検出と対応を向上させることができます。

最終的に是正や処置を行い、再発防止のために事後の対応策を検討して取り組む必要があるので、社内報告の流れ、原因の究明、発生中の対応、発生後の対応がスムーズにできるよう、手順の作成時は特に注意しましょう。

これら3つのステップで文書を作成しますが、次の2つのポイントを意識してください。

⑴詳細なルールの作り方は定められていない

4〜10項、また適用範囲として採用した管理策は文書に規定する必要がありますが、具体的に〝○○のようなルールで行わないといけない〟という要求はISO27001にはありません。

あくまで組織のセキュリティリスクを管理し、維持または向上するために組織が行える範囲でルールを定めればよいのです。

⑵最初から完璧な内容でなくてよい

業務や顧客の要求の変化によって、新たに規定すべき事項も発生するかもしれませんし、規定したもののあまり有効に機能しないルールなどがあれば改善していく必要もあります。

最初から完璧な文書作成にこだわらず、運用を繰り返す中で業務実態との差に配慮し、移行を行っていくとよいでしょう。

3つのステップ

ステップ1　方針を決める

・組織の目的に対して適切か？
・情報セキュリティ目的を含むか？
・目的の設定のための枠組みを示せているか？
・情報セキュリティに関連する適用される要求事項を満たすことへのコミットメントを含むか？
・情報セキュリティに関連する継続的改善へのコミットメントが含まれているか？

ステップ2　適用範囲を定める

・組織におけるサービス、製品、資産、人員、場所を踏まえISMSの領域を定義できているか？
・業務に適した管理策の採否が行われているか？
・部署、拠点、グループ企業などは適切に範囲へ含められているか？

ステップ3　手順の策定

・ステップ2で採用を決定した管理策に対し具体的な手順を定めているか？
・現在のセキュリティ管理はどのような対策を行っていて、何が不足しているか？
・規格要求を満たしつつ実施に無理のない管理策になっているか？
・各種業務のプロセスを明確にできているか？

5 内部監査のポイント

■課題を出すことが目的

せっかく作ったルールも運用されていなければ、自社の情報セキュリティ目的は達成できません。また、規格で決められたルール通りに行っていても（適合していても）、ルールに問題があれば成果は出ないでしょう。既存のルール自体が目的を果たすのに適切なのか（有効なのか）を自分たちが確認する機会が「内部監査」です。

ルールを作ることはあくまで成果を出せるだろうという仮説に過ぎず、実際に検証しなければわかりません。内部監査は仮説検証の機会ともいえます。

■内部監査を行う時のステップ

内部監査を行う際は以下の４つのステップで進みます。

⑴監査計画

計画の時点から適合状況、運用状況に合わせて有効性の観点も考慮して監査計画にまとめます。

また、それらの視点を監査チェックリストにも盛り込んでいきましょう。

⑵内部監査実施

内部監査は、監査責任者または内部監査員が監査チェックリストに基づき行い、対象部門の責任者に対して実施結果を報告します。

報告内容として、不適合もしくは推奨事項に対し処置または再発防止が必要なレベルを明確にするとわかりやすいでしょう。

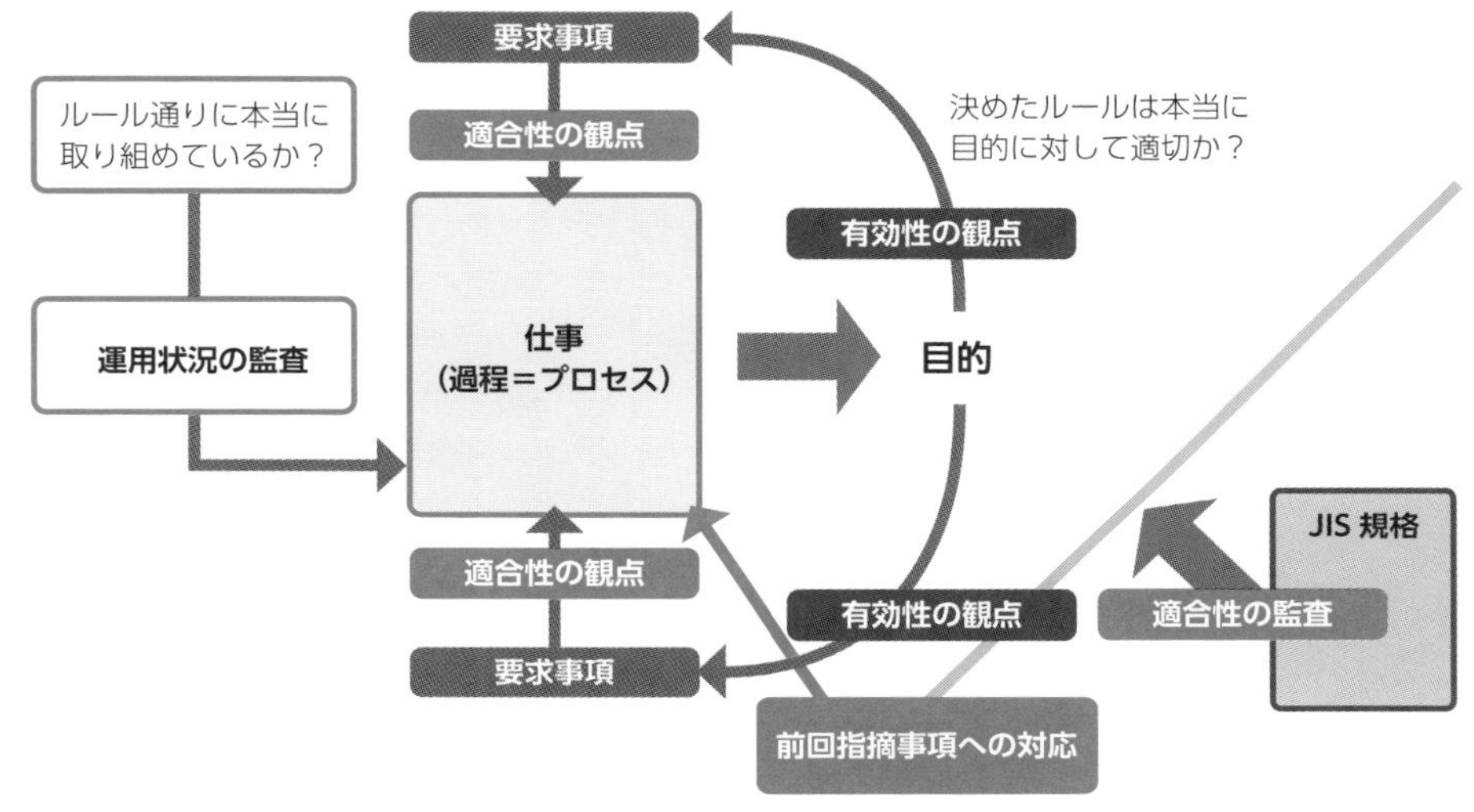

⑶是正事項対応

監査結果の報告を受けた段階で、対象部門責任者は不適合事項に対する処置策と再発防止策（是正）を決定し、実施しなくてはなりません。

また、推奨事項については、その意見を採用するか否かを選択し、採用する場合はそちらにも対応します。その後、対応状況のフォローアップとレビューを行い、有効性の評価をします。

⑷トップマネジメントへの報告義務

監査結果とその是正対応については マネジメントレビューの際にトップマネジメントへ報告します。そのうえで指示事項がある場合は記録として残しましょう。

6 ＩＳＯ27001のコンサルタント選定ポイント

■コンサルタントは大別すると2種類

ＩＳＭＳコンサルタントは大きく分けると2種類に分類できます。

⑴指導型コンサルタント

ＩＳＭＳの構築、運用をどうすれば効率的にできるかを指導してくれます。また、文書や様式の雛形を提供してくれるので、それをベースに担当者が作成し、コンサルタントにチェックしてもらうイメージです。

⑵アウトソース型コンサルタント

当社が２０１０年にスタートした「ＩＳＯ２７００１運用サポート支援」が該当します。雛形の提供にとどまらず、文書の作成サポートまで行います。

そのため、書類作成作業による余計な負担がアウトソースでき、構築や運用の工数が格段に少なくなります。組織側は意思決定と実際の運用をすれば認証が可能です。

近年、「一部の作業もサポートします」といったコンサルタントも見受けられますが、追加料金を取られるケースが多いようです。

■選定の際に気をつける3つのポイント

ＱＣＤ（Quality：品質、Cost：費用、Delivery：スピード）で考えてみましょう。

⑴品質

まずは審査に通ることが大切です。そのためには文書や規程を要求事項から逸脱しないように作成する必要があります。実績で判断

	自社で取得	指導型コンサルタント	アウトソース型コンサルタント
品質（審査の通りやすさ）	✕ ● 要求事項に適合しているか不明 ● 担当者に全ての責任がのしかかる	○ ● 審査に通るように指導してくれる ● 雛形を提供してくれる（提供された雛形を基に自社で作成） ● 組織への教育要素が強く知識がつく	○ ● 要求事項に適合するように構築してくれるので必ず審査に通る ● 書類は全て作成してくれるので意思決定と実運用だけでよい ● 認証のために必要な知識がつき、余計なことは覚えなくてよい
費用	○ 費用は発生しない ただし、自社のエース級の人材が作業に追われるので、人件費はかかる可能性あり	✕ 100万円を超えるケースあり	△ 比較的安い （30万～50万円程度） 費用対効果で見るとお得
スピード（認証完了）	✕ 平均1～2年程度	△ 1年程度	○ 半年程度

していきましょう。

また、膨大な量になるので、自社での作成はどうしても工数がかかってしまいます。

⑵費用

当然、安いに越したことはありませんが、制限があったり、追加料金を取られるケースもあるので、業務の範囲は必ず確認しましょう。

⑶スピード

一番のボトルネックは、書類作成作業です。どれだけ速く規程類を作成し、運用をスタートさせられるかが鍵となります。書類作成作業をアウトソースすれば、認証機関への申し込みスピードは速くなります。

逆に新規認証完了まで急がないのであれば、指導型のコンサルタントとともにじっくりとＩＳＭＳを構築するのもよいでしょう。

第5章

効率的な2022年版への移行の進め方

1 移行のスケジュール

■いつまでに対応すればいい？

一般社団法人マネジメントシステム認定センター（ＩＳＭＳ－ＡＣ）の発表によると、移行期間は２０２５年10月31日までとされています。まだ先のことにはなりますが、これから新規認証取得／更新（再認証）を予定されている会社は注意が必要です。

移行前（２０１３年版）のＩＳＯ２７００１新規認証取得または更新（再認証）審査を予定している場合は、２０２４年4月30日までに審査を受ける必要があります。

移行期間を過ぎてしまうと、ＩＳＯ２７００１は失効となってしまいます。

■まずは何から始めていけばいい？

移行に向けて、まず担当者の方はコンサル会社や認証機関開催のセミナー等で情報収集されているでしょう。特に認証機関は早く移行に取りかかるように促進しているかもしれませんが、いきなり移行作業を始めないように注意が必要です。これまでもお伝えしたように、まずは認証機関の見直し、コンサルタントの選定、コスト、時間、文書、ルールのムダをなくすような整理の時間が大切です。

また、意思決定一つとっても、トップが関わらないとスピード感が損なわれます。

よくあるケースとして、ＩＳＯ２７００１を認証取得している目的が、トップの思いと現場では違うこともあります。

「なぜＩＳＯ２７００１を取得し

移行フロー

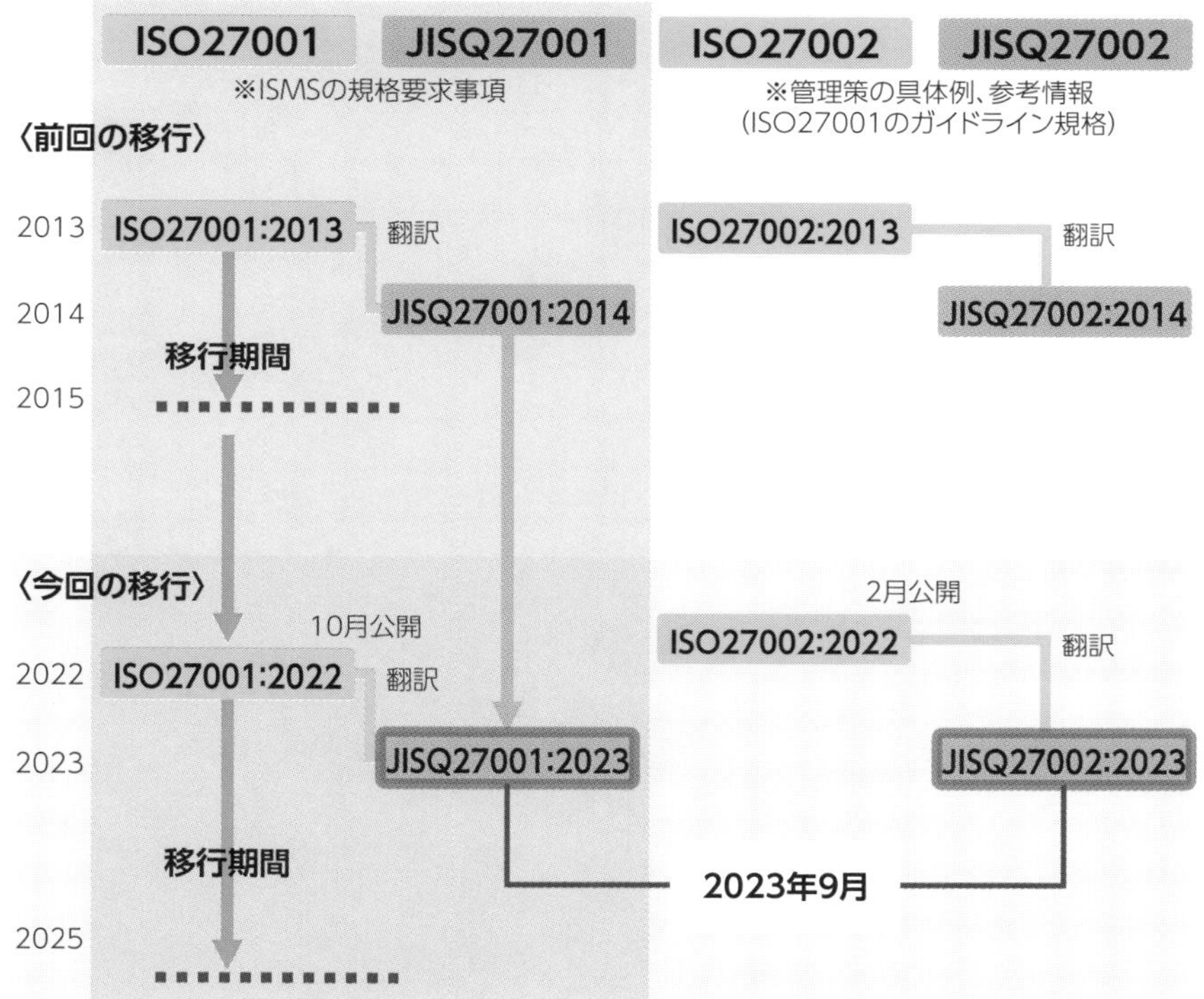

ているのか？」をトップから発信し、確実に伝えることが成功の最大のポイントとなります。そのためにも、定期的にトップと意識を共有する場を持つことが大切です。

2 認証機関の動き

■一番困っているのは誰か？

２０２２年版への移行が始まり、一番困っているのは誰でしょう？ 組織の担当者でしょうか？ いいえ、実は「認証機関・審査員」なのです。

認証機関はその上の機関である「認定機関」より審査することを認められている機関です。そのため、規格移行があると審査機関として、２０２２年版の審査をしても問題ないか、認定機関の審査をパスする必要があります。

そのため、２０２２年版への移行審査ができるように認証機関はどの組織よりも早く対応を求められるのです。

■審査は急がない！

移行初期は審査員も２０２２年版移行審査に慣れていません。ついつい組織としては早く審査を受けて移行を終わらせ、安心したいと思いがちですが、実際は審査員も経験不足なのです。

逆に審査員にある程度ケーススタディや２０２２年版での審査経験を積んでもらい、審査の方法論の確立ができた頃に審査を受けていくほうがいいのです。

そのためにもまずはムダを省く整理の期間を設け、その後に審査を受けるような全体像にし、余裕をもって移行作業を進めていくといいでしょう。

■認証機関の対応状況

先述した通り、移行版の審査が

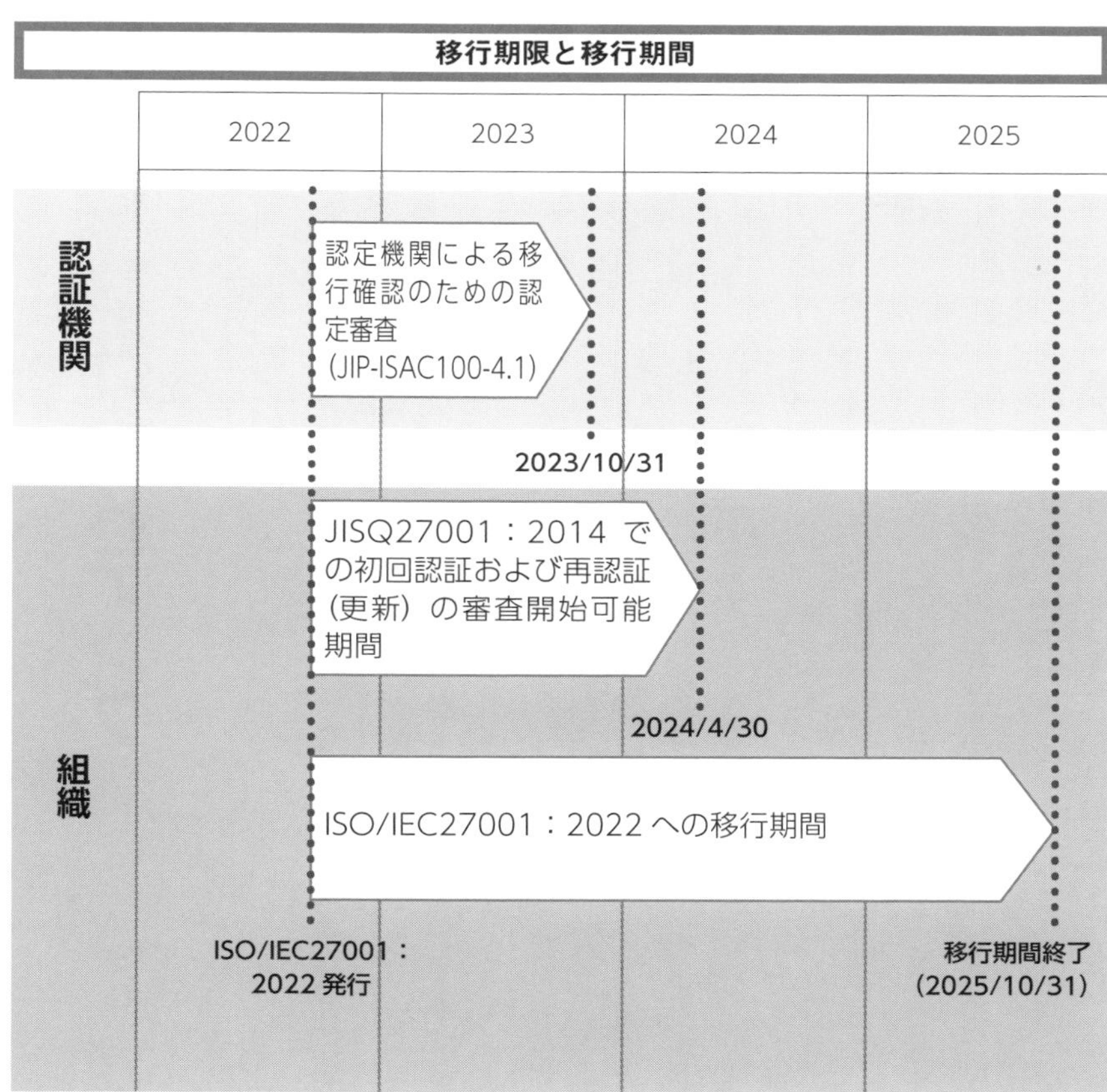

ＩＳＭＳ－ＡＣ発表のスケジュールの一例

できるのは、認定機関からの認定審査を受け、合格した認証機関のみであり、旧規格で新規認証及び更新（再認証）審査ができる期限は認証機関によって様々です。例として挙げたＩＳＭＳ－ＡＣでは２０２５年10月31日までとされていますが、期限を短くしている認証機関も存在します。また、現時点で移行審査を受け付けている認証機関もあればまだ対応していない認証機関もあるため、組織がお願いしている認証機関の移行審査の情報は必ず確認してください。

3 移行のステップ

■ISO27001:2022へ移行するためのステップ

　移行するまでのステップは次の通りです。

①整理（スリム化）
②文書の改訂
③改訂した文書に沿ってＰＤＣＡサイクルを回す
④移行審査を受ける

■整理（スリム化）

　ＩＳＯ２７００１を運用していくと、書類が山のように増えていくといった事例がよくあります。昔作ったルールをそのまま継続しているのでムダと気づけていないケースがあります。

　古いルールを続けることが問題なのではなく、見直されずに継続されていることが問題です。中には今はもう必要ない活動や記録類も眠っているかもしれません。

「もしも明日ＩＳＯ２７００１の認証を止めたとしたら、その活動を続けるだろうか？」と問いかけてみてください。

　組織のルールの「毎月の情報資産の見直し」は続けるでしょうか？　これが審査用の活動ということであればすぐに「止めます」という回答になるでしょう。

　そうなると、整理の候補とすることができます。もちろん規格の要求もあるのですが、規格の捉え方次第ではなくせるかもしれませんし、方法論を変えるだけでも負担が減るかもしれません。

■文書の改訂

ムダな文書や活動・ルールを整理できたら、残った大切なルールを活かして移行に向けての活動をしていきましょう。

① 整理（スリム化）

② 文書の改訂

③ 改訂した文書に沿って
PDCA サイクルを回す

④ 移行審査を受ける

組織がＩＳＯ２７００１（ＩＳＭＳ）を運用するために使用する、マニュアルや規程、適用宣言書、管理策が載っている手順書に今回の移行で追加、変更、削除のあった部分を反映していきましょう。

追加、変更、削除された点は第３章にて解説しています。

■改訂した文書に沿ってＰＤＣＡサイクルを回す

整理、文書の改訂が完了したら実際に改訂した文書でＰＤＣＡサイクルを回しましょう。

特に内部監査では、改訂した文書、ルールがうまく機能しているかをチェックし、機能していない場合は再度文書の見直しを行ってください。改定後にＰＤＣＡサイクルを回さなければ移行の作業が完了したとは言えません。

■移行審査を受ける

今までのステップが完了したらいよいよ審査です。

文書等の移行が完了後にＰＤＣＡサイクルが回っているか、確認されます。また必要なルールが抜けていないか、ＩＳＯ２７００１（ＩＳＭＳ）が機能しているか確認されます。

移行審査が完了し、２０２２年版へ移行完了となります。

第6章

認証取得・運用事例

1 ウィードファウスト株式会社

①企業の概要

業務の中でテクニカル要素の比重が高い、インフラネットワーク基盤の構築や運用保守、アプリケーション開発事業を主に行っています。

実際に構築や開発作業に入る際は品質の維持と若手メンバーの育成を行うため、お客様のご要望に合わせ、チーム単位でお手伝いをしています。

また、次の経営理念を掲げて日々運用を行っています。

「エンジニアが生涯現役でいられる会社を作り、信頼関係をベースに技術力で社会に貢献していきます」

②ＩＳＭＳ導入理由について

第三者機関に見てもらった証明として、お客様にとって安心していただくためです。

また、社内向けとして情報セキュリティ、品質、ＰＤＣＡサイクルを見直し、時代に沿った一定以上の状態を保てるように、という理由で導入を行いました。

③認証取得の効果

２０２３年1月に認定が付与されたばかりで、数値的な効果は少ないですが、確実に信頼性はアップしていると体感しています。

④３ＡＣのサポート効果

自社で行うとなると、必要な対応や書類など時間をかけて調べなくてはいけなかったため、効率的に審査までの準備ができました。

ＩＳＭＳに一人専任で社員を確保することに比べて、コスト面で

会社名	ウィードファウスト株式会社
代表者	代表取締役　岡本 麗史
資本金	3,000万円
年商	9億4,000万円
従業員数	87名
所在地	〒170-0002　東京都豊島区巣鴨1-4-7　MKビル5F
業種	情報通信業
主な商品・サービス内容	システムコンサルティング アプリケーション開発 インフラネットワーク基盤構築 上記にまつわる維持・保守・運用
設立	2021年11月5日
連絡先	03-5981-8926
ホームページ	https://wedo-faust.com/

認証取得範囲	インフラネットワーク基盤設計構築・運用保守サービス事業 アプリケーション開発事業 ITコンサルティングサービス事業 テクニカルサポート・ヘルプデスクサービス事業 受託開発事業
拠点数	2拠点
認証機関	株式会社GCERTI-JAPAN
準備期間	3か月（1次審査まで）
準備メンバー	2名

※2023年時点の情報

大きく抑えることができました。

⑤今後の展望

売上が30億円に到達するまでは年間で10～15%程度の成長率を維持していきたいと考えています。

今後は自社SaaSサービスの展開も検討していく中で、クラウドセキュリティ認証の取得も考えていきながら、引き続きお客様へ安心できるサービスを届けていきます。

2

株式会社エコーステーション

①企業の概要

弊社では、中小企業に対してＩＣＴ機器の販売ならびに保守・メンテナンスを提供しています。

今は徐々にモノからコトのサービスとして、機器の修理やＰＣトラブル、１か月間での攻撃レポートの調査など、サブスクリプションサービスとして提供をしています。

また、土日祝日もサービス内で対応を行っており、多くのお客様に好評をいただいています。

②ＩＳＭＳ導入理由について

情報セキュリティサービスを提案する立場のため、社員のリテラシーの向上のために取得を目指しました。

③認証取得の効果

取得を行ったことにより、対外的なアピールにつながりました。

また、社内的には社員各自のセキュリティ意識は高くなったと感じています。

④３ＡＣのサポート効果

ＩＳＭＳは管理策が多岐にわたるため、全てに関して把握が難しかったです。

どのように対応するか、深掘りしてのアドバイスをしていただいていたので、良きアドバイザリーとして助かりました。

また、企業それぞれでできる範囲が異なるため、弊社にあった対応方法のアドバイスをしていただけました。

会社名	株式会社エコーステーション
代表者	代表取締役　岩崎 拓二
資本金	3,000万円
年商	5億2,800万円
従業員数	20名
所在地	〒350-1123　埼玉県川越市脇田本町11-13　渡辺オフィスビル3階
業種	小売業
主な商品・サービス内容	IT機器コンサルティングならびにIT機器保守メンテナンス業務
設立	1998年10月1日
連絡先	049-221-7700
ホームページ	https://eco-station.co.jp/

認証取得範囲	IT機器コンサルティングならびにIT機器保守メンテナンス業務
拠点数	2拠点（取得は本社のみ）
認証機関	株式会社GCERTI-JAPAN
準備期間	7か月
準備メンバー	5名

※2023年時点の情報

⑤今後の展望

オフィスを使ったソリューションの宣伝を行うことがあるので、そこでＩＳＭＳ取得を活かしてアピールにもつなげたいと思います。

また、ＩＳＭＳを活かしながら社員のリテラシー向上を継続的に行っていこうと考えています。

3

株式会社クローバー・サン

①企業の概要

２０１１年の創業以来、通信キャリア向け支援事業を主軸に、モバイルやウェブシステム開発、IoT、AI、クラウド、RPA等デジタル化支援を行っております。

また、２０２３年からはネットワークインフラやDX推進を専門とする部署を新設し、お客様の堅牢なネットワーク構築や自動化による業務効率化のお手伝いも行っております。

②ISMS導入理由について

弊社が上場企業及び優良顧客を中心としてサービス展開を行ううえで、ISO２７００１（ISMS）の取得がマストになっていたため、取得に動きました。

③認証取得の効果

認定付与後、新規のお客様との取引が増え、売上高の増加という効果がありました。

社内的には、定期的なセキュリティ教育を行うことで、社内、お客様先でのセキュリティ意識が高まったと感じています。

また、反復のテストを行うことでセキュリティ教育の点数も良くなりました。

④3ACのサポート効果

従業員がまだ少なかった時期、ノウハウがないところから親身にサポートしていただき、工数を大幅に削減できました。

取引先からの調査に関しても、アドバイスをしていただき、工数が少なく済んでとても助かりまし

会社名	株式会社 クローバー・サン
代表者	代表取締役　太田 陽久
資本金	1,000万円
年商	―
従業員数	95名※協力会社含む
所在地	〒107-0052　東京都港区赤坂2-10-5　赤坂日ノ樹ビル7階
業種	情報サービス業
主な商品・サービス内容	・システムソリューション事業 ・インフラソリューション事業 ・モバイルソリューション事業 ・DX推進支援事業
設立	2011年1月21日
連絡先	03-5534-8692
ホームページ	https://clover-sun.com/

認証取得範囲	人財サービス管理業務
拠点数	1拠点
認証機関	株式会社EQA国際認証センター
準備期間	3か月
準備メンバー	2名

※2023年時点の情報

た。

⑤今後の展望

加速度的に業容拡大をしていく中で、適用範囲を広げて今後運用をしていきたいと考えています。

従業員の意識も高まってきているので、アナログであった業務をデジタルに置き換え、煩雑な工数だった部分の改善をしていきたいです。

事業的な目標としては、短期的に売上を10億円まで伸ばし従業員を100名まで増やしていきたいと考えています。

4 xID（クロスアイディ）株式会社

①企業の概要

xIDは「信用コストの低いデジタル社会を実現する」をミッションとして掲げ、マイナンバーカードに特化したデジタルIDソリューション「xID」を中心に、次世代のビジネスモデルをパートナーとともに創出するGovtech（ガブテック）企業です。

官民双方で信頼される中立的なデジタルIDソリューションとして、これまで不可能だった企業間や官民の壁を超えた、〝信頼あるデータの利活用〟をスムーズにし、経済発展と社会的課題の解決を両立する、人間中心の社会、Society 5.0を実現していきます。

②スリム化導入の理由

ISMS取得時の構築段階で作成した社内規程のボリューム感が大きくなってしまい、この規程で運用していけるのかという不安がありました。

自社で運用していく中でISMSのルールが実態と合っているのか？　という点が疑問視され、審査員からも規程内容を少し減らせるのでは？　とアドバイスがありました。

スリム化を行ううえで、どこを減らし、どこから着手すればよいのかノウハウがなかったため、コンサルへのサポートを検討しました。

③スリム化を行ううえでの狙い

(1)運用がスムーズにいくこと。
(2)事務局だけがISMSのルールや規程を理解しても意味がないため、全社へのISMSルール

会社名	xID（クロスアイディ）株式会社
代表者	代表取締役CEO　日下 光
資本金	2億5,959万400円
年商	—
従業員数	32名（取締役を除く）
所在地	〒100-0011　東京都千代田区内幸町2丁目1-6　日比谷パークフロント19F
業種	情報通信業
主な商品・サービス内容	1.次世代デジタルIDアプリ「xIDアプリ」の提供 2.開発者向けAPI bases SaaS「xID API」の提供 3.デジタルIDを活用した民間・行政向けシステム開発
設立	2012年5月
ホームページ	https://xid.inc/

認証取得範囲	デジタルIDソリューションの企画及び開発
拠点数	1拠点
認証機関	株式会社マネジメントシステム評価センター（MSA）
準備期間	3か月
準備メンバー	3名

※2023年時点の情報

の定着化を目指すこと。

④スリム化の効果

運用の仕方や実態に沿ったアドバイスをしていただき、規程の中で削ってよい箇所などが理解できました。

⑤スリム化の狙いに対する効果

(1)運用がスムーズにいくこと。
⇓帳票類をシンプルにしたため、情報が探しやすくなりました。

また、各管理策のルールなどISMSにあまり触れていない社員でもすぐに見つけられるようになりました。

(2)事務局だけがISMSのルールや規程を理解しても意味がないため、全社へのISMSのルールの定着化を目指すこと。
⇒まず、事務局自体の理解が深まったので、情報を探しやすくなりました。また、社内へのＩＳＭＳに関する情報を発信しやすくなり、会社全体の理解も深まっていると感じています。

⑥３ＡＣのサポート効果

日々の運用サポートについても、様々な提案をしていただき助かっています。

⑦今後の展望

お客様に対し、情報セキュリティに関しての活動を「ＩＳＯ２７００１（ＩＳＭＳ）」という第三者認証をもってアピールしていきたいです。

スタートアップ企業のため年間の中途採用人数が多くなるのですが、その中でｘＩＤの基準となるセキュリティルールを定着させ、会社全体での理解を深めていきたいと考えています。

5

株式会社サクラアルカス

①企業の概要

当社では、食品スーパー、ドラッグストア、ホームセンターなどの流通のお客様が多く、印刷物、販促の企画、イベントの提案などを行っています。

また、一度お付き合いさせていただくとお客様に寄り添い、長いお付き合いで様々なニーズに合わせたサポートをさせていただいています。

印刷だけではなく、デジタルへのシフトも進め、世の中の課題をリアル、デジタルで解決し、会社としても新たな領域へ踏み出しています。

今後もリアルとデジタルを両方伸ばす形で、事業拡大を行っていきます。

②スリム化導入の理由

セキュリティ規程の作成、更新や内部監査のチェックリスト作成、報告書作成に時間をかけており、本来行うべき実務に影響が出ていたため、改善をしたいと感じていました。

③スリム化を行ううえでの狙い

(1)ＩＳＭＳに関わるスタッフが本来行うべきことに注力できる状態にしたい。

(2)文書類の管理が大変だったので、管理しやすくしたい。

④スリム化の狙いに対する効果

(1)ＩＳＯ２７００１（ＩＳＭＳ）に関わるスタッフが本来行うべきことに注力できる状態にしたい。

⇓ＩＳＯ２７００１（ＩＳＭ

会社名	株式会社サクラアルカス
代表者	代表取締役社長　野々村昌彦
資本金	1,200万円
年商	36億7,000万円（令和4年9月期）
従業員数	117名
所在地	〒457-0071　愛知県名古屋市南区千竈通6-35
業種	印刷・情報サービス業
主な商品・サービス内容	WEB制作・印刷物制作・販促支援・展示会企画・映像制作
設立	1972年4月（創業：1970年7月）
ホームページ	https://www.sakura-pr.co.jp/

認証取得範囲	広告宣伝に関連する商業印刷物の企画・制作及び、WEBサイトを中心としたデジタルコンテンツの制作・広告運用
拠点数	2拠点
認証機関	BSIグループジャパン株式会社
準備期間	1年
準備メンバー	1人

※2023年時点の情報

S）のために行うということではなく実際に行っている業務が活かせるように落とし込みができました。

(2)文書類の管理が大変だったので、管理しやすくしたい。

⇓昔の名残りはあるものの、簡略化できる文書や古いルールなどの見直しができました。

⑤3ACのサポート効果

当社から毎回特別に何かを準備する等の必要がなく、事前に計画を立ててくれているため、そこに準じて進めていけばよいので助かっています。

過去の担当者さん含め、ネットワークを広げ様々な対応をしていただいています。

⑥今後の展望

デジタル化を加速し、東京も含め事業拡大を行っていきたいと考えています。

当社は現在、社員一人ひとりがいろいろなことにチャレンジができる、意欲的な雰囲気になっています。単純に印刷やＷＥＢで売上をあげるのではなく、チャレンジしながら人が成長できる組織にしていきたいと考えています。

セキュリティ面では、３ＡＣさんとの関係性も継続し、デジタル化が加速する中で様々なアドバイスをしていただきながら運用を進めていきます。

株式会社スリーエーコンサルティング

「お客様のISO/Pマークの社内工数を0（ゼロ）に限りなく近づける」ことをミッションに、ISO/Pマークの新規認証・運用サポートを提供。現在進行形で3,000社以上のお客様を支援し、累計サポート実績は8,000件を超える。

〒530-0005　大阪府大阪市北区中之島2-2-7
中之島セントラルタワー21階

〒163-0528　東京都新宿区西新宿1-26-2
新宿野村ビル28階

TEL:0120-068-268

【共同編集】

コンサルタント　大路 眞史
コンサルタント　箸方 晃樹
コンサルタント　竹内 悠真
コンサルタント　関口 里菜
コンサルタント　今村 祐貴
制作チーム　松崎 あずさ

監修・著者紹介

安藤将記（あんどう・まさき）

株式会社スリーエーコンサルティング　統括本部長

ISO27001・プライバシーマークを中心に、新規認証取得や運用、更新を支援するコンサルタントとして約300社のお客様を担当。

SESやSaaS開発といったシステム業界へのコンサルティング経験が豊富。

ISO27017やISMAPにも対応可能。

2023年統括本部長に就任し、コンサルタントのマネジメントに従事している。

これ1冊(さつ)でできるわかる

ISO27001

やるべきこと、気(き)をつけること　〈検印省略〉

2024年　1　月　16　日　第　1　刷発行

2024年　10　月　5　日　第　2　刷発行

監修・著者――安藤 将記（あんどう・まさき）

著　者――株式会社スリーエーコンサルティング

発行者――田賀井 弘毅

発行所――株式会社あさ出版

〒171-0022 東京都豊島区南池袋 2-9-9 第一池袋ホワイトビル 6F

電　話　03 (3983) 3225（販売）

　　　　03 (3983) 3227（編集）

F A X　03 (3983) 3226

U R L　http://www.asa21.com/

E-mail　info@asa21.com

印刷・製本（株）シナノ

note　http://note.com/asapublishing/

facebook　http://www.facebook.com/asapublishing

X　http://twitter.com/asapublishing

ISBN978-4-86667-651-7 C2034